Fundamentos do Direito Coletivo do Trabalho
E O PARADIGMA DA ESTRUTURA SINDICAL BRASILEIRA

P376f   Pego, Rafael Foresti.

        Fundamentos do direito coletivo do trabalho e o paradigma da estrutura sindical brasileira / Rafael Foresti Pego. – Porto Alegre: Livraria do Advogado Editora, 2012.

        135 p.; 23 cm.

        Inclui bibliografia.

        ISBN 978-85-7348-770-1

        1. Direito do trabalho. 2. Sindicalismo. 3. Sindicatos – Brasil. 4. Negociação coletiva do trabalho. 5. Direito civil - Brasil. 6. Trabalho. 7. Trabalhadores – Legislação. I. Título.

CDU   349.2:331.105.44(81)

CDD   341.64

        Índice para catálogo sistemático:

1. Direito trabalhista : Sindicatos: Brasil   349.2:331.105.44(81)

(Bibliotecária responsável: Sabrina Leal Araujo – CRB 10/1507)

RAFAEL FORESTI PEGO

Fundamentos do Direito Coletivo do Trabalho
E O PARADIGMA DA ESTRUTURA SINDICAL BRASILEIRA

Porto Alegre, 2012

© Rafael Foresti Pego, 2012

Capa, projeto gráfico e diagramação
Livraria do Advogado Editora

Revisão
Rosane Marques Borba

Direitos desta edição reservados por
Livraria do Advogado Editora Ltda.
Rua Riachuelo, 1338
90010-273 Porto Alegre RS
Fone/fax: 0800-51-7522
editora@livrariadoadvogado.com.br
www.doadvogado.com.br

Impresso no Brasil / Printed in Brazil

À todos que, de corpo e alma, dedicam-se ao estudo e desenvolvimento do Direito do Trabalho, porque nele acreditam.

Agradeço ao Prof. Dr. Gilberto Stürmer, pela orientação, pelo exemplo de profissional e ser humano e pela amizade. Aos Professores Doutores membros da banca, Profª. Denise Pires Fincato, e Prof. Marco Antônio César Villatore. Aos meus familiares, especialmente à minha mãe Rosa e ao meu irmão André, fundamentais em todas as realizações da minha vida. Ao meu pai, *in memoriam*. À minha avó Noeli e à Nona, que sem conhecimento ou interesse jurídico leem com alegria tudo o que escrevo e muito se orgulham. Ao Prof. Dr. Enoque Ribeiro dos Santos, pela inspiração e pela admiração da sua obra. Aos colegas e professores do curso de Mestrado em Direito da PUCRS, pelas experiências compartilhadas e amizades surgidas. Aos meus colegas de trabalho, pelo incentico e convivência. Aos meus amigos, pela amizade sincera e constante apoio. Aos meus alunos, que com sua inquietude enriquecem o meu conhecimento. Emfim, a todos aqueles que colaboraram, de qualquer forma, com a realização deste projeto.

Prefácio

É com grande satisfação que atendemos o amável convite do jovem jurista Rafael Foresti Pego para compor este prefácio ao seu importante livro *"Fundamentos do Direito Coletivo do Trabalho e o Paradigma da Estrutura Sindical Brasileira"*, tanto pela grande atualidade e relevância do tema, como por poder salientar de forma prestigiosa, o modo em que o mesmo é abordado, certamente fruto de um estudo profundo acerca do Direito Coletivo do Trabalho, que lhe rendeu o título em Mestre em Direito do Trabalho pela Faculdade de Direito da PUCRS – Pontifícia Universidade Católica do Rio Grande do Sul.

A temática é extremamente envolvente, por cuidar exatamente de um dos ramos do Direito do Trabalho, o Coletivo, que, embora se constitua em um dos mais importantes da atualidade, até parcos anos também era o menos estudado pelos acadêmicos de Direito, em face da notável valorização do Direito Individual do Trabalho entre nós, e do inegável afastamento, até então, dos preceitos, normas e princípios desse ramo juslaboral.

Não obstante, com o elastecimento da competência trabalhista após o advento da Emenda Constitucional n. 45/2004, que seguiu *pari passu* a enorme valorização dos preceitos do Direito Coletivo do Trabalho institucionalizada pela Constituição Federal de 1988, que além de alçar a organização sindical brasileira a instituto constitucional, atribuindo-lhe um capítulo exclusivo no texto magno, o 8º, ainda reconheceu expressamente os instrumentos normativos que defluem de seu principal instrumento de proteção e de valorização da classe trabalhadora, a negociação coletiva de trabalho (art. 7º, XXVI). Além disso, o artigo 114 da Constituição Federal, que trata da competência trabalhista, incluiu e valorizou expressamente as organizações sindicais brasileiras como representantes dos trabalhadores, e ainda dos empresários, do lado patronal, ao atribuir vários de seus incisos ao processamento e julgamento de suas demandas judiciais, especialmente, no que se refere à representatividade sindical, á greve e ao dissídio coletivo de natureza econômica.

Inegável ainda o avanço e consolidação da estrutura da organização sindical brasileira após a edição das Leis nᵒˢ 7.347/85 (Lei da Ação

Civil Pública) e da Lei nº 8.078/90 (Código de Defesa do Consumidor) que lhe atribuiu legitimidade para defender direitos e interesses difusos, coletivos e individuais homogêneos dos trabalhadores, por meio de ações moleculares, sob a forma de ações civis públicas e coletivas.

Poderíamos, ainda, destacar que as organizações sindicais brasileiras, sob a nova configuração imposta pela Constituição Federal de 1988 postam-se como canais de acesso ao sistema de justiça da classe trabalhadora, na medida em que podem canalizar seus anseios e requerimentos para a resolução de conflitos coletivos, pelos meios administrativos ou judiciais colocados à sua disposição pelo ordenamento jurídico.

É neste contexto extremamente moderno que se insere o presente trabalho. Por ter a amplitude de uma profunda análise da estrutura sindical, sua exposição atrai a síntese e, de ponto a ponto, oferece ao leitor uma clara pesquisa acerca da necessidade de mudanças na seara sindical, tendo como base a estrutura sindical dos Estados Unidos.

Sendo assim não hesitamos em reconhecer o mérito deste trabalho na demonstração, com desenvoltura que lhe é peculiar, da efetividade dos direitos fundamentais dos trabalhadores, pelo qual mostra-se necessária a reformulação da estrutura sindical brasileira.

O autor merece todo o nosso apreço e consideração, por ter-se proposto, e ao final concebido esta importante contribuição científica, perspassando institutos da mais elevada relevância ao mundo do Direito Coletivo do Trabalho, proporcionando aos leitores e juristas um valioso material para reflexão e discussão quanto ao futuro das relações coletivas e sindicais em nosso país.

Em face de todo o exposto, estamos absolutamente convencidos da importância e relevância desse excelente trabalho de pesquisa, como notável contribuição para o aperfeiçoamento dos institutos relacionados ao Direito Coletivo do Trabalho no Brasil, com foco no desenvolvimento dos fundamentos do Direito coletivo norte-americano, que, certamente, veio brindar a todos os que se dispuserem a examiná-lo e a percorrer seu inestimável conteúdo.

Enoque Ribeiro dos Santos

Professor Livre Docente da Faculdade de
Direito da Universidade de São Paulo (USP)
Doutor e Livre Docente em Direito do Trabalho pela Faculdade de
Direito da USP. Mestre em Direito pela Faculdade de Direito da
UNESP (Franca). Procurador do Trabalho do Ministério Público do
Trabalho da PRT – 9ª. Região- Paraná.

Sumário

Apresentação – *Gilberto Stürmer*...13

Introdução...15

1. Fundamentos do Direito Coletivo do Trabalho 19

   1.1. Noções preliminares sobre o sindicalismo.................................19

   1.2. A origem dos sindicatos no mundo 19

   1.3. A origem dos sindicatos no Brasil 31

   1.4. Análise contextual do sindicalismo brasileiro...........................39

   1.5. Análise de direito comparado: o sindicalismo nos Estados Unidos 47

      1.5.1. Noções preliminares de direito comparado....................48

      1.5.2. Estrutura sindical norte-americana 50

2. O paradigma da estrutura sindical brasileira.................................69

   2.1. Constituição do sindicato...73

   2.2. Enquadramento sindical e representação no local de trabalho...................75

   2.3. Unicidade...88

   2.4. Representatividade 88

   2.5. Contribuições...92

   2.6. Negociação coletiva..98

   2.7. A coordenação de interesses e o dever de cooperação............100

   2.8. Melhores condições de vida para todos os trabalhadores.......104

3. O sindicato em prol da efetivação dos direitos fundamentais.......107

   3.1. As relações sindicais 108

   3.2. A vinculação dos particulares aos direitos fundamentais 110

   3.3. A vinculação dos sindicatos aos direitos fundamentais 120

Conclusão...129

Obras consultadas...133

Apresentação

Pela segunda vez tenho a honra e a satisfação de ser lembrado pelo Professor e amigo Rafael Foresti Pego. Prefaciei o seu livro *"A inversão do ônus da prova no Direito Processual do Trabalho"* e, neste momento, sou convidado a apresentar sua nova obra: *"Fundamentos do Direito Coletivo do Trabalho e o paradigma da estrutura sindical brasileira"*.

Rafael é Especialista em Direito do Trabalho e Mestre em Direito pela PUCRS. Advogado, refina o seu dia-a-dia forense com a qualidade textual de um verdadeiro estudioso. Tem brindado seus alunos nos mais diversos cursos em que ministra as disciplinas de Direito Individual, Coletivo e Processual do Trabalho com aulas objetivas e que os atraem para o estudo do Direito.

A nova obra é oriunda da dissertação de mestrado do autor, de quem tive o prazer de ser orientador no Programa de Pós-Graduação em Direito da Pontifícia Universidade Católica do Rio Grande do Sul. Apresentar, agora, o livro do Professor Rafael, é tarefa fácil.

Como referi já em 2009, desde a graduação tenho acompanhado a trajetória acadêmica do autor. Brilhante nos estudos e na advocacia trabalhista, a quem dedica a sua competência com idêntico fervor e competência aos que empresta à academia, Rafael é raro. Didático e claro, mérito dos grandes professores, faz das aulas e escritos fonte de consulta de tantos quantos queiram beber nas fontes do Direito e do Processo do Trabalho.

A qualidade do texto que ora apresento, já me impressionou quando da orientação. Não por acaso, a dissertação de mestrado do autor foi aprovada com distinção e recomendação de publicação.

O texto, de forma adequada, organizada e didática, inicia apresentando os fundamentos do Direito Coletivo do Trabalho, suas noções preliminares, a origem dos sindicatos no Brasil e no mundo, e encerra o primeiro capítulo fazendo uma abordagem do sindicalismo no Brasil e nos Estados Unidos da América, sistema este com concepção absolutamente diferente da nossa.

A seguir o autor trata da estrutura sindical brasileira, analisando a constituição dos sindicatos, o enquadramento sindical, a representação nos locais de trabalho, a unicidade sindical, a representatividade, as contribuições, a negociação coletiva, o dever de cooperação e o objetivo final do sistema sindical: busca de melhores condições de vida e de trabalho. A análise é intensa, profunda, adequada e, principalmente, atual.

Por fim, em um momento de preocupação social e jurídica com a efetivação dos direitos fundamentais, e inserido nas áreas de concentração e linhas de pesquisa do Programa de Pós-Graduação em Direito da PUCRS, Rafael encerra o texto aprofundando esta abordagem com o exame das relações sindicais, a vinculação dos particulares aos direitos fundamentais e, fundamentalmente, a vinculação dos sindicatos aos direitos fundamentais.

A obra é, ao mesmo tempo densa e profunda, mas acessível àqueles que se iniciam no estudo do Direito Sindical e Coletivo do Trabalho.

Mais uma vez, transpondo os limites acadêmicos, chega ao público pelo mérito do autor e com a colaboração de editores parceiros, a obra que ora tenho a honra de apresentar: "Fundamentos do Direito Coletivo do Trabalho e o paradigma da estrutura sindical brasileira", oriunda, reitero, de aprofundada e talentosa pesquisa do Professor Rafael Foresti Pego.

O texto é primoroso e o seu resultado é claro. Ganhamos todos nós do Direito: alunos, professores, advogados, juízes e demais interessados no Direito Coletivo do Trabalho, pois terão na obra uma excelente fonte de consulta a fundamentar os seus arrazoados.

Mais uma vez, sinto-me feliz por partilhar da amizade do autor e da honra de apresentá-lo ao público.

Gilberto Stürmer

Professor de Direito do Trabalho da PUCRS
Graduação e Pós-Graduação
Advogado

Introdução

O trabalho apresenta um estudo acerca do paradigma da estrutura sindical brasileira, no desiderato de traçar as principais bases de uma organização sindical que se entende como a mais plausível na experiência pátria. Objetiva desenhar os caracteres de uma organização sindical que possibilite o fortalecimento e o desenvolvimento das entidades sindicais e a efetiva representação dos trabalhadores, enquanto pressupostos para que possam vir a ser debatidas questões modernas, como as ações sindicais nos contextos econômico e social.

Em outras palavras, o Brasil permanece com um sistema sindical que enseja a pulverização de sindicatos frágeis e inoperantes, obrigando a que o foco das discussões permaneça em questões já ultrapassadas no cenário internacional, tais como a unicidade e a contribuição sindical compulsória, o que impede o enfrentamento do verdadeiro desafio do sindicalismo: as funções e a importância dos sindicatos na proteção dos trabalhadores, diante da complexidade e incessante e veloz modificação das relações de trabalho na sociedade. Os sindicatos do mundo inteiro voltam suas atenções ao enfrentamento dos problemas sociais – de uma sociedade cada vez mais complexa e plural – que assolam os trabalhadores, principalmente decorrentes da globalização e da alteração no modo de produção, impondo uma atuação em nível internacional e, ao mesmo tempo, regional e interna.

Entretanto, para tratar dessas questões, é imprescindível que haja um ambiente sindical livre, com sindicatos fortes e representativos, situação que não se verifica no Brasil, ainda na atualidade. Por isso o enfrentamento da estrutura sindical brasileira, delineando o paradigma da organização sindical que se entende por melhor na experiência pátria, tendo em vista a finalidade acima mencionada. Para tanto, inicia-se a pesquisa com a sedimentação dos fundamentos do direito coletivo do trabalho, principalmente com um repasse histórico do sindicalismo no mundo e no Brasil, culminando com a análise contextual do sindicalismo pátrio.

Além disso, é realizado um breve e pontual estudo de temas da estrutura sindical dos Estados Unidos, muitos dos quais fundamenta-

Fundamentos do Direito Coletivo do Trabalho

rão as mudanças necessárias à organização sindical brasileira, mesmo considerando se tratar de sistemas jurídicos distintos. Tais mudanças são tratadas no segundo capítulo (paradigma da estrutura sindical), sopesando matérias como o enquadramento sindical, a representação no local de trabalho, a unicidade, as fontes de receita dos sindicatos, o dever de cooperação, entre outros. Somente com a reformulação dessas questões será possível caminhar em direção à regulamentação dinâmica das relações de trabalho, o que se constitui uma exigência diante da constante mutabilidade dessas relações, principalmente pela via da autocomposição.

São as partes das relações de trabalho, em um ambiente que permita o equilíbrio entre estas, que devem compor as bases da regulamentação trabalhista, traçando limites, impondo direitos e deveres, tudo em conformidade com a realidade específica dos trabalhadores envolvidos. No Direito Coletivo do Trabalho está a solução dos principais problemas em matéria laboral, ao passo que o Brasil continua privilegiando a intervenção do Estado nesta seara, mediante uma vasta e rígida legislação trabalhista, que não raro se encontra extremamente distante da realidade, ou até mesmo ultrapassada, necessitando uma nova leitura a partir da jurisprudência dos Tribunais Superiores, o que muitas vezes prejudica a necessária estabilidade das relações e a segurança jurídica. Consequentemente, a maioria dessas questões passa a ser resolvida no âmbito dos Tribunais de Trabalho, que estão assoberbados e talvez por isso sem dar-lhes a devida consideração. Demonstra-se, assim, uma política estatal que ignora a origem das mazelas e dos conflitos, e seu respectivo saneamento, e opta pela proliferação de Tribunais do Trabalho enquanto solução mais simples e rápida, mas cuja efetividade se discute.

Após a análise da estrutura sindical brasileira e a constatação da necessidade de sua reformulação, pode-se asseverar o dever dos sindicatos em dar efetividade aos direitos fundamentais dos trabalhadores, em prol da melhoria das suas condições de vida, principalmente por medidas assistenciais. Tal dever se impõe, inclusive, na atual conjuntura sindical brasileira, até mesmo como critério de representatividade, pois um sindicato que não atende a esse comando não é digno da representação dos trabalhadores, ainda que atualmente. Em vista disso, no terceiro capítulo, são formulados argumentos para que o sindicato atue em prol da efetividade dos direitos fundamentais dos trabalhadores, assunto que demanda a abordagem de temas como a vinculação dos particulares aos direitos fundamentais.

A importância deste trabalho se verifica nas premissas já aludidas e na crença de que no Direito Coletivo do Trabalho está o futuro e o equilíbrio das relações laborais. Embora sejam inúmeras e qualificadas as referências doutrinárias sobre temas voltados à estrutura sindical e sua reforma, destaca-se, neste trabalho, a intenção de focalizar os próprios parâmetros dessa reformulação, em detrimento da mera crítica ao modelo sindical vigente. Ou seja, são inúmeras as vozes sobre a necessidade de reformulação da estrutura sindical brasileira, na grande maioria dos casos buscando uma plena liberdade sindical, porém não é comum nessas abordagens a referência sobre quais as alterações, em concreto, que devem ser produzidas, quais os mecanismos que efetivamente devem ser adotados, entre outros temas.

Além disso, este trabalho tem destaque por tratar do tema vinculação dos sindicatos aos direitos fundamentais, também voltado aos efeitos em concreto dos argumentos defendidos, o que consolida a importância e o ineditismo do presente estudo.

Assim, trata-se de um tema demasiadamente amplo e, no mais das vezes, controvertido. Envolve diversos aspectos nos mais variados ramos da ciência (filosóficos, sociológicos, entre outros), embora tenha se privilegiado o enfoque jurídico da questão. Mesmo sendo dificultoso chegar a um consenso nos diversos pontos apresentados, não resta a menor dúvida quanto à necessidade de mudanças na seara sindical, cujos parâmetros e limites justamente constituem objeto de debate neste trabalho. Urge a adequação entre realidade social e Direito do Trabalho no Brasil.

Por último, destaca-se que o método de abordagem utilizado na pesquisa foi o indutivo, ao passo que os métodos de procedimento foram o histórico, o comparativo e o monográfico. Quanto à interpretação, privilegiaram-se os métodos sistemáticos de interpretação. Em relação à técnica, foi utilizada a pesquisa bibliográfica e documental.

1. Fundamentos do Direito Coletivo do Trabalho

1.1. Noções preliminares sobre o sindicalismo

A palavra Sindicalismo, de acordo com o dicionário da língua portuguesa, refere-se ao movimento que prega a união dos profissionais para a defesa comum dos seus interesses (sindicalização). Significa, ainda, o conjunto de sindicatos. Busca-se, com essa conceituação, encontrar uma terminologia que sirva como ponto de partida para este trabalho. Trata-se, portanto, de estudar os sindicatos no seu sentido mais amplo: suas ações, seus deveres e sua forma de organização.

Utiliza-se também a expressão "Direito Coletivo do Trabalho", por ser tecnicamente mais adequada, por abranger todas as espécies de relações coletivas de trabalho, com ou sem a intervenção do sindicato. No entanto, há que se reconhecer que prepondera neste ramo do Direito as relações sindicais, até mesmo porque se espera do sindicato que ele participe, efetivamente, de todas as relações coletivas de trabalho.

Para melhor compreensão do fenômeno sindical, é oportuno realizar um repasse histórico dos sindicatos, desde a sua origem até os dias atuais. Ressalte-se que esta análise inicial, antes de privilegiar sua natureza histórica propriamente dita, tem um caráter de sistematização, uma vez que examinados os fatos que servem de fundamento para a problemática a ser desenvolvida neste trabalho.

1.2. A origem dos sindicatos no mundo

A compreensão do que significa o trabalho é algo bastante discutido na história da humanidade. Houve tempo em que o trabalho era sinônimo de vergonha e castigo, como na época da escravidão. Mesmo quando não se tratava de escravos, se distinguiam os que se dedicavam ao pensamento e à política (e eram nobres por isso), e os que não tinham tal faculdade, motivo pelo qual trabalhavam, em um tempo em que o trabalho era sinônimo de atividade braçal (trabalho manual). Depois, a valorização do trabalho acabou prevalecendo, embora, nos campos da filosofia, seja muito debatido se o mesmo representa um elemento de ordem moral, de dignificação, uma necessidade prática para a subsistência ou um modo de realização do ser.[1]

Acredita-se que o trabalho não pode estar limitado a uma única explicação, mas todos os fundamentos merecem ser considerados no seu conjunto. Antes de tudo representa um modo de subsistência, pois a grande maioria da população subsiste a partir do fruto do seu trabalho. No entanto, cada vez mais as pessoas buscam profissões que tragam realização pessoal, felicidade. Isso é um reflexo da própria complexidade da sociedade em que se vive, pois apresenta uma série de opções de trabalho e novos mercados que há pouco tempo atrás não existia. Enfim, é crescente o número de pessoa que optam por um trabalho não mais pelo aspecto econômico, mas sopesando a sua qualidade de vida e realização pessoal. Por isso se afirma que o trabalho não pode ser justificado por um único aspecto, mas por diversos aspectos.

Sob a ótica do Direito Coletivo, o trabalho sempre foi, ao longo da história, um elemento que agrega e identifica as pessoas, ou seja, um elemento de união. Querendo ou não, a profissão de cada ser humano acaba por gerar algumas características que são comuns dentro de determinado grupo de profissionais, uma categoria, de modo que os mesmos, de regra, mantêm uma maior proximidade e convívio. Se isso for indagado a qualquer pessoa, ela não terá nenhuma dificuldade em descrever os traços característicos comuns de determinadas profissões, como médicos, advogados, engenheiros. Aliás, antes mesmo de adquirir determinada formação ou profissão, nos bancos das universidades, já se consegue identificar uma distinção a partir do curso e área que cada aluno está realizando. Em suma, o indivíduo sofre a influência do seu meio e acaba por manter forte ligação com o exercício de uma atividade, o que vem acontecendo desde os primórdios da história. Portanto, o trabalho humano, por mais primitivo, representa um fato coletivo que depende e se desenvolve através da cooperação.

A relação entre a antiguidade e o Direito do Trabalho é remota, pois, ainda que o trabalho, desde a sua origem, tenha tido uma regulamentação em alguma medida, o Direito do Trabalho, enquanto

---

[1] COELHO, Luiz Fernando; COELHO, Luciano Augusto de Toledo. O trabalho como categoria crítica. In: VILLATORE, Marco Antônio César; HASSON, Rolland. *Direito do Trabalho:* Análise Crítica. Curitiba: Juruá, 2007. p. 23.

ciência, ganhou força a partir do século XIX, época considerada como a do seu surgimento, quando se solidificou a ideia de trabalho subordinado, até hoje mantida. Dada a essencialidade do trabalho, suas condições, seu modo de operar e outras demandas exigiam alguma regulamentação, mesmo que informal, mas não deve ser confundida com a moderna legislação tutelar trabalhista. Consoante as lições de Chiarelli, o trabalho na antiguidade e sua primitiva regulação tem especial significado, constituindo verdadeiros subsídios da estrutura atual.[2]

O trabalho formalmente coletivo pode ser vislumbrado desde a época dos egípcios, principalmente na construção de pirâmides, porém com regulamentações rudimentares e vinculadas aos aspectos religiosos.[3] Na pré-história do associativismo liberal, os helênicos apresentaram os primeiros e modestos órgãos de proteção mútua. Entretanto, foi em Roma que o associativismo começou a ganhar importância, inicialmente com a predominância de temas religiosos e de crença, mas que se desenvolveram para abranger temas profissionais e políticos.[4]

O império romano trouxe importantes avanços legislativos na seara laboral, tanto que o contrato de trabalho deriva da *locatio operis* e *locatio operarum* romana. No âmbito do Direito Coletivo do Trabalho, embora não se possa afirmar a existência de sindicatos romanos, as instituições romanas – corporações – podem ser referendadas como um exemplo de aproximação categorial na antiguidade, com a organização da sociedade com base no ofício, tais como artesãos, músicos, guerreiros.

Posteriormente, iniciou-se a derrubada do regime escravo, cujo movimento teve forte influência da implantação do feudalismo, que trazia alguns avanços sobre o trabalho servil, inclusive com a existência de certos direitos aos vassalos. Tal mudança, no entanto, não significa uma igualdade no âmbito da relação entre o trabalhador e os senhores, pois os regimes que se sucederam permaneceram mantendo a preponderância de uns – detentores do poder e da propriedade – sobre os outros. O feudalismo centralizou o poder e fez com que as cidades se organizassem politicamente, constituindo organizações lo-

---

[2] CHIARELLI, Carlos Alberto. *O trabalho e o sindicato – Evolução e desafios.* São Paulo: LTr, 2005. p. 26-24.

[3] CHIARELLI, Carlos Alberto. *O trabalho e o sindicato – Evolução e desafios.* p. 26-29.

[4] CHIARELLI, Carlos Alberto. *O trabalho e o sindicato – Evolução e desafios.* p. 43-45.

cais, as quais passariam a ter estreita vinculação com as corporações medievais.[5]

Com o desenvolvimento de centros comerciais urbanos, surgiram as corporações medievais locais, que buscavam o monopólio da profissão em determinada localidade. Aliás, neste período se percebe claramente a distinção entre a vida rural e a urbana. Os novos comerciantes se fixavam nas cidades, onde havia proteção para a sua atividade, às quais se passou a atribuir o nome de burgos, sendo chamados de burgueses aqueles que realizavam a atividade comercial, comprando alimentos e matéria-prima das manufaturas.[6] Oportuno relembrar os ensinamentos de Giugni, que, ao tratar do período medieval, fazia distinção entre o direito autônomo dos grupos profissionais e o direito sindical, este enquanto fenômeno moderno:

> O Direito Sindical constitui fenômeno tipicamente moderno, mesmo que se tenha desejado, historicamente, fazer analogia com o direito autônomo dos grupos profissionais, característico da organização produtiva da Baixa Idade Média. Tal analogia se apresenta totalmente deslocada. Na realidade, a organização da vida produtiva nas duas épocas é muito diferente: a economia medieval, pelo menos em seus aspectos típicos e mais freqüentes se estruturava em torno de grupos profissionais organizados – as corporações mercantis ou artesanais – nos quais se verificava contradição de interesse, à medida em que se uniam os pequenos produtores e mercadores. Posição análoga à do operário moderno em relação à figura do aprendiz que, naquela época, permanecia subordinado ao mestre somente por algum tempo – algumas vezes até longo – para tornar-se mestre.[7]

A partir do século XII, consolidavam-se os grupos profissionais, como os conhecidos *corps de métiers* e as *Fraternités*.[8] A primeira regulamentação dos grupos profissionais ocorreu em 1351, com a Ordenança de João II, embora tal afirmação não tenha completa exatidão. Na mesma época surgia o *Statutes of Larboures*, expedido por Eduardo III. Contudo, as corporações já dominavam o cenário europeu, principalmente em razão da carta que lhes era concedida, com o privilégio, vale dizer, o monopólio de determinada atividade.[9]

Assim, o nascimento das corporações de ofício foi resultado da união em torno da identidade profissional – ainda que voltado mais

---

[5] CHIARELLI, Carlos Alberto. *O trabalho e o sindicato – Evolução e desafios.* p. 46.

[6] TRYBUS, Daiana. O estado e as relações de trabalho: uma perspectiva histórica. In: VILLATORE, Marco Antônio César; HASSON, Rolland. *Direito do Trabalho:* Análise Crítica. Curitiba: Juruá, 2007. p. 52.

[7] GIUGNI, Gino. *Direito Sindical.* Trad. Eiko Lúcia Itioka. São Paulo: LTr, 1991. p.15.

[8] SÜSSEKIND, Arnaldo [*et al.*]. *Instituições de direito do trabalho.* 22.ed. atual. por Arnaldo Süssekind e João de Lima Teixeira Filho. São Paulo: LTr, 2005, p.1099-1100.

[9] SÜSSEKIND, Arnaldo [*et al.*]. *Instituições de direito do trabalho.* p.1100.

aos interesses dos mestres em detrimento dos trabalhadores assistentes, conhecidos como companheiros – e contribuiu de forma grandiosa ao desenvolvimento do trabalho em sociedade, já não mais limitado ao âmbito domiciliar. Aliás, a história do sindicalismo justamente consagra uma organização por ofício,[10] ou grupos profissionais, em detrimento do modelo posterior de sindicalização por ramo de indústria.[11]

As corporações eram compostas por uma classificação tripartite dos seus membros: mestres, companheiros e aprendizes. Eram associações rígidas em torno de determinada profissão, a qual, por sua vez, podia ser conjugada com outra profissão similar. Não era permitido ao trabalhador fazer parte de duas corporações, mesmo que de regiões distintas. As corporações abrangiam atividades diversas, sejam políticas, religiosas e assistenciais,[12] bem como a regulamentação do setor da atividade econômica e da respectiva profissão, estas enquanto finalidade precípua, desenvolvida através da fixação de preços, limites e outras regras gerais.

Os mestres eram os proprietários do estabelecimento (empregadores) e diretores da organização, responsáveis tanto pela administração quanto pela avaliação dos candidatos. Os aprendizes, como o próprio nome diz, eram menores vinculados ao emprego mediante contrato de aprendizagem. Os companheiros, ou auxiliares, prestavam serviços aos mestres após ter cumprido o período de aprendizagem (trabalhadores). Todos esses atores pertenciam à corporação de ofício, a qual defendia os interesses dos artesãos, sendo dirigidas pelos mestres.[13] Mesmo não podendo considerar as corporações como um sindicato, as mesmas possuem importância histórica enquanto uma das primeiras formas de integração dos sujeitos das relações de trabalho, a partir dos seus estatutos, regulamentação trabalhista e outros fatores.[14]

O sistema das corporações de ofício não abarcava a massa de trabalhadores; pelo contrário, privilegiava os mestres, o que acabou por gerar a insatisfação dos demais. Nem todos os companheiros chegavam à posição de mestre, por ser necessária a realização de um exame

---

[10] Por exemplo, os conhecidos sindicatos por ofício na Grã-Bretanha (*craft union*).

[11] GIUGNI, Gino. *Direito Sindical*. p. 30

[12] CHIARELLI, Carlos Alberto. *O trabalho e o sindicato – Evolução e desafios*. p. 51-53.

[13] VÁSQUEZ, Jorge Rendón. *Derecho del trabajo colectivo* – Relaciones colectivas en la actividad privada y en la administración pública. 6 ed. Lima: Edial, 2001. p. 08-09.

[14] NASCIMENTO, Amauri Mascaro. *Compêndio de direito sindical*. 4. ed. São Paulo: LTr, 2005. p. 42.

e em virtude dos altos custos exigidos pela corporação para adquirir os meios de produção. O conflito aumentou a partir do momento em que somente os filhos de mestres passaram a ascender para esta posição. Esses conflitos de interesse fizeram com que os companheiros passassem a se organizar em associações próprias,[15] as quais foram se desenvolvendo.

Havia também uma retaliação ao trabalhador que não pertencia à corporação, tanto que se tem notícia da realização de greve neste período, como a dos sapateiros de Londres em 1387.[16] Diversos fatores se somavam em prol da supressão das corporações, tais como o início da especialização de profissões; o desmembramento de corporações; a criação da máquina em substituição das artes; os ideais da Revolução Francesa, que condenavam a existência de corpos intermediários entre o indivíduo e o Estado, bem como a liberdade de comércio; entre outros. Assim, de um lado havia uma forte reação dos mestres à força dos trabalhadores; de outro, o sentimento de que a luta seria árdua em prol do reconhecimento dos direitos dos trabalhadores.

A partir daí sucedem as épocas de lutas dos trabalhadores que se uniam frente às empresas: primeiro, enquanto coalizões; segundo, como sindicatos, estes de caráter durável e permanente. A liberdade promovida na Revolução Francesa, em 1789, movimento este de cunho popular, rechaçou o monopólio das corporações, combatendo-as até serem suprimidas. Os ideais liberalistas da Revolução Francesa foram comemorados pelo trabalhador, porém representaram, de fato, a substituição da classe dominante e do poder pela nobreza para a burguesia, sem maiores interesses na melhoria da classe trabalhadora. A filosofia liberal-individualista, pautada na máxima de que todos são iguais perante a lei, valorizava a liberdade contratual em detrimento da intervenção do Estado, que era mínima, nas relações individuais. A liberdade, como referenciada por Locke, significava que cada indivíduo poderia agir como bem lhe aprouvesse.[17] Proibia-se a coalizão de pessoas sob o fundamento de que se deveria evitar qualquer pressão de grupos sobre a liberdade individual. Por tais razões, nessa época, as coalizões e os sindicatos permaneceram perseguidos e combatidos, apenas subsistindo em razão da tendência de união dos trabalhadores à margem das regulamentações oficiais.

---

[15] Na França, tais associações eram denominadas *compagnonnages*. *In* SÜSSEKIND, Arnaldo [*et al.*]. *Instituições de direito do trabalho*. p.1102.

[16] SÜSSEKIND, Arnaldo [*et al.*]. *Instituições de direito do trabalho*. p.1102.

[17] LOCKE, John. *Dois tratados sobre o governo*. Trad. Eunice Ostrensky. 2.ed. São Paulo: Martins Fontes, 2005. p. 84.

O surgimento efetivo do sindicalismo está atrelado ao período da Revolução Industrial, a partir do século XVIII, como reação ao capitalismo, em uma época em que se demonstrou com maior ênfase a aplicação e os efeitos das ideias liberais nas relações de trabalho. Consoante as lições de Giugni:

> O movimento sindical, desde suas origens profundamente radicadas no interior do processo de revolução industrial, teve entre seus fins primários, conexos à sua própria razão de existir, o de obter dos empresários o mínimo de tutela econômica e normativa da condição de vida e de trabalho dos operários e outros trabalhadores subordinados.[18]

Nessa época, visualizou-se a expansão do comércio e a necessidade da produção em massa, ao mesmo tempo em que se criavam novas ferramentas e meios de trabalho. Desenvolveram-se as linhas de montagens e a produção em série, tudo em prol do aumento de produtividade e, por conseguinte, da majoração do lucro. A presença e o incremento da máquina, bem como a aproximação dos grandes mercados, tornaram a força humana secundária, ao mesmo tempo em que exigiram uma maior qualificação dos trabalhadores.

O trabalhador passou a abandonar o âmbito domiciliar, gerando concentrações de operários e de capital nos centros urbanos. Mulheres e menores lançaram-se aos postos de trabalho, e o aumento da oferta da mão de obra acarretou diminuição de salários, desemprego e total desprezo pelas condições de trabalho, isso sem considerar a consequente desestruturação da família. Crescia, então, a marginalização nas periferias urbanas. Com a Revolução Industrial e o modelo de produção capitalista, veio também o proletariado e o movimento sindical, ainda bastante dividido.[19]

Ocorreram profundas alterações nas relações de trabalho, separando de um lado os capitalistas, detentores do capital e dos meios de produção, e de outro os operários, que possuíam apenas a sua força de trabalho. Aliás, é justamente do conflito entre capital e trabalho que surge a expressão "conflito industrial", entendido como "elemento da luta de classe entre o que detêm a propriedade dos meios de produção e o que por não a deter, é obrigado a vender sua força de trabalho".[20] Forma-se a classe proletária e capitalista, de interesses antagônicos.[21] Apenas para esclarecer o aparecimento do proletariado e justificar o termo "proletário", referenciam-se os ensinamentos de Nascimento:

---

[18] GIUGNI, Gino. *Direito Sindical*. p. 97.

[19] SÜSSEKIND, Arnaldo [*et al.*]. *Instituições de direito do trabalho*. p. 1104.

[20] GIUGNI, Gino. *Direito Sindical*. p. 16.

[21] TRYBUS, Daiana. O estado e as relações de trabalho: uma perspectiva histórica. p. 61.

Fundamentos do Direito Coletivo do Trabalho

O proletário é um trabalhador que presta serviços em jornadas que variam de 14 a 16 horas, não tem oportunidades de desenvolvimento intelectual, habita em condições subumanas, em geral nas adjacências do próprio local da atividade, tem prole numerosa e ganha salário em troca disso tudo.[22]

As primeiras associações de trabalhadores tiveram um caráter filantrópico, através das sociedades de seguros mútuos, passando, posteriormente, ao surgimento das sociedades de resistência ocultas. Reitera-se que, nessa época, eram vedadas tais associações, inclusive tipificadas como crime. Um exemplo disso é a Lei *Le Chapelier*, na França, que em 1791 proibiu as coalizões e qualquer associação,[23] sendo inicialmente justificada como uma forte reação em prol da supressão das corporações. Posteriormente, a vedação ao associativismo da classe trabalhadora se manteve por quase cem anos. A proibição também aconteceu na Inglaterra, em 1799, através das *Combinations Acts*.[24]

A represália à união dos trabalhadores subordinados era, nesse contexto, inevitável. Afinal, a organização sindical é fruto do esforço dos empregados em impor aos empregadores o trato coletivo da contratação de trabalho e das respectivas condições como forma de equilibrar a relação, principalmente em uma época marcada pela acirrada liberdade individual de contratação e igualdade formal. Assim, não havia dúvida de que qualquer movimento em prol do fortalecimento dos trabalhadores ensejaria a reação dos empregadores.

Como exemplo dessa reação, basta visualizar a própria Revolução Burguesa, na qual, além da queda do feudalismo e do avanço do capitalismo, também se atacou a organização da classe dos trabalhadores, como decorreu da Lei *Le Chapelier,* acima referida. Ressalte-se, por outro lado, que a Lei *Le Chapelier* foi uma das primeiras regulamentações a trazer a noção de interesse coletivo, a partir do seu artigo segundo.[25] O procedimento da referida lei – de proibir toda e qualquer associação laboral – foi se expandindo de tal modo que abrangeu toda a Europa.

Durante a proibição, os trabalhadores reuniam-se em associações mutuais, promovendo a proteção em face de certos riscos sociais, sal-

---

[22] NASCIMENTO, Amauri Mascaro. *Curso de direito do trabalho*: história e teoria geral do direito do trabalho: relações individuais e coletivas do trabalho. 20.ed. rev. e atual. São Paulo: Saraiva, 2005. p. 12.

[23] Lei *Le Chapelier*, em homenagem ao nome do relator da Comissão criada para a análise do problema das corporações. *In* NASCIMENTO, Amauri Mascaro. *Curso de direito do trabalho*: história e teoria geral do direito do trabalho: relações individuais e coletivas do trabalho. p. 27.

[24] Sem referência específica na língua portuguesa.

[25] MANGLANO, Carlos Molero. *Derecho Sindical*. Madrid: Dykinson,1995. p. 18.

vo algumas organizações secretas que planejavam ações reivindica-tórias.

No início do século XIX, surgia o movimento sindical na Ingla-terra e criavam-se as conhecidas *trade unions*, denominação que ainda hoje se conserva. Em 1824, a Inglaterra promoveu projeto que se trans-formaria em uma das primeiras leis a reconhecer a faculdade dos tra-balhadores de se organizarem para negociar com o empregador. Em se tratando do Direito do Trabalho inglês, não se pode deixar de refe-renciar Robert Owen, pioneiro na defesa de amplas reformas sociais e considerado por muitos o pai das cooperativas e da legislação do trabalho.[26] Nos Estados Unidos, o caso *Commonwealth versus Hunt* re-presentou a descriminalização do associativismo sindical, em 1842.[27]

As primeiras reivindicações eram no sentido de intervenção do Estado nas relações de trabalho, para garantir certos direitos perante os empregadores. Destaque-se a fundação da União dos Grandes Sin-dicatos Nacionais Consolidados, em 1834, inspirada por Robert Owen e pelo movimento chamado de *cartismo*, cuja denominação deveu-se à elaboração de uma carta de reivindicações pelas organizações sindi-cais.[28] Na França, foram criadas as *sociétés de résistence,* na década de 1930-40.

Em 1850, foi organizado o *The Amalgamated Society of Engineers*, de âmbito nacional. Em 1855, a cidade de Barcelona parou em uma greve geral cujo lema era: *"Asociación o muerte"*.[29] Nesse período, hou-ve o reconhecimento da liberdade de associação, o que iria se difundir por toda a Europa e Estados Unidos na segunda metade desse sécu-lo. O sindicalismo iniciado na Inglaterra acabou por logo se expandir para os demais países industrializados, como a França, Alemanha e a Itália. Em Paris, é registrada a primeira rebelião de operários contra a máquina, embora, curiosamente, tal situação seja até hoje vivenciada e gere insegurança e tensão para os trabalhadores. Não se pode negar, por outro lado, que o desenvolvimento tecnológico e industrial traz melhorias, inclusive nas condições de trabalho e no aperfeiçoamento de ferramentas.

A época liberal trouxe a imagem do empregador inimigo e im-pessoal, bem como a necessidade de enfrentá-lo. A favor dos empre-gados surgem movimentos como o Manifesto Comunista de Marx e

---

[26] SÜSSEKIND, Arnaldo. *Direito internacional do trabalho.* p. 83.

[27] MANGLANO, Carlos Molero. *Derecho Sindical.* p. 131.

[28] NASCIMENTO, Amauri Mascaro. *Compêndio de direito sindical.* p. 47.

[29] MANGLANO, Carlos Molero. *Derecho Sindical.* p. 131.

Engels,[30] em 1848, e a Encíclica *Rerum Novarum*,[31] em 1891, destacados neste trabalho em razão do associativismo que promoveram. O primeiro é revolucionário e ideologizado; o segundo, assistencialista. O curioso é que foi justamente a apregoada liberdade – jurídico-política – que permitiu os movimentos de intelectuais e de trabalhadores contra esse grave quadro de exploração e indignidade dos empregados.[32] Em 1863, surge a *Associação Geral Trabalhadora Alemã*, a primeira no país. As vedações ao associativismo acabaram sendo suprimidas, o que ocorreu na Alemanha, por exemplo, com a aprovação dos direitos fundamentais do povo alemão pela Assembleia Nacional de Frankfurt.

Em 1864, sob o governo de Napoleão III, foi suprimido o delito de coalizão na França, permitindo uma espécie de associação transitória para o trato coletivo dos trabalhadores; além disso, a greve passou a ser considerada lícita. A partir de então, foram criadas dezenas de associações sindicais de trabalhadores e associações nacionais, como em Paris e Marselha. Nessa mesma data foi fundada a Associação Internacional de Trabalhadores, na qual não havia distinção entre a ação reivindicatória e a política, e acabou dissolvida em 1876. A distinção entre organização política e sindical tem como marco a criação do Partido Socialista Obreiro Alemão, em 1875. Na França, essa separação foi inserida na Carta de Amiens (*Carta d´Amiens)*, em 1906, quando se declarou a neutralidade política dos sindicatos e a liberdade dos seus aderentes de integrar a organização política que desejarem.[33] Contudo, remanesceram controvérsias interpretativas no sentido da não exclusão do direito do sindicato de adotar uma posição em matéria política.

A liberdade de reunião e de greve era o início de um novo direito, no contexto em que a liberdade de contratar e a autonomia da vontade eram abstrações, pois a igualdade apregoada era aparente. Na realidade, o trabalhador estava desamparado e em nível inferior, sem qualquer possibilidade de impor suas condições.[34] Faltava ainda consolidar a regulamentação do direito de sindicalização.

---

[30] MARX, Karl. *O Manifesto comunista*. 16. ed. São Paulo : Paz e Terra, 2006.

[31] Igreja Católica. Papa (1878-1903 : Leão XIII). *Rerum Novarum*. 14. ed. São Paulo: Paulinas, 2004.

[32] SÜSSEKIND, Arnaldo. *Direito internacional do trabalho*. 3.ed. atual. São Paulo: LTr, 2000. p. 83.

[33] VÁSQUEZ, Jorge Rendón. *Derecho del trabajo colectivo* – Relaciones colectivas en la actividad privada y en la administración pública. p. 10-12.

[34] MORAES FILHO, Evaristo de. *O problema do sindicato único no Brasil*: seus fundamentos sociológicos. 2.ed. São Paulo: Alfa-Omega, 1978. p. 92.

Na Inglaterra, somente em 1871 é que houve o reconhecimento oficial dos sindicatos, com a regulamentação do direito de sindicalização pelo governo inglês (*Trade Unions Act*). Essa regulamentação deu origem ao nome *tradeunionismo* ao movimento sindical inglês, o qual implementou *the gentlemen´s agrement*, ou seja, acordos negociados que podem ser considerados como a origem dos convênios coletivos. Ressalte-se que a própria Inglaterra, nação de vanguarda na esfera sindical, é tida como pátria autêntica da negociação coletiva, e a união dos trabalhadores deu surgimento a sindicatos fortes, antes mesmo da fundação de partidos políticos trabalhistas.[35] No final do século XIX, o trabalhador inglês era considerado não individualmente, mas como membro de um grupo, em razão de investir poderes a uma organização para negociar termos e condições frente aos empregadores, em situação de maior equilíbrio.[36]

Já o reconhecimento legal do direito a sindicalização na França ocorreu com a Lei de *Waldeck-Rousseau*, de 21 de março de 1884, revogando a Lei *Le Chapelier*. A partir desta nova lei restou autorizada a constituição livre de trabalhadores em associações, sem autorização do governo, para fins específicos de defesa dos interesses profissionais e econômicos, evoluindo, a partir de então, para um sindicalismo confederado. Em síntese, foi reconhecido o direito de livre organização sindical dos trabalhadores, movimento que acabou se estendendo para os demais países. Inclusive, em razão de a Lei *Waldeck-Rousseau* conter os preceitos fundamentais da liberdade sindical, eles acabaram sendo reproduzidos nas Convenções 87 e 98 da OIT.

Em 1886, foi fundada a *American Federation of Labor*, com a reunião de vinte e cinco sindicatos norte-americanos, sendo considerado um marco para o movimento sindical na América e no mundo. Entretanto, o reconhecimento dos sindicatos norte-americanos ocorreu por lei em 1890, mediante o *Shermann Act*,[37] enquanto a liberdade de sindicalização viria a se consolidar por volta de 1935, com a lei *Wagner*.[38] Em relação à América Latina, as primeiras organizações sindicais surgiram no final do século XIX, devido ao grande impulso advindo de imigrantes europeus e refugiados políticos, muitos destes participantes da Comuna de Paris em 1871.

---

[35] NASCIMENTO, Amauri Mascaro. *Compêndio de direito sindical*. p. 47-48.

[36] ETALA, Carlos Alberto. *Derecho colectivo del trabajo*. 2.ed. atual. e amp. Buenos Aires: Astrea, 2007, p. 33-34.

[37] NASCIMENTO, Amauri Mascaro. *Compêndio de direito sindical*. p. 51.

[38] CHIARELLI, Carlos Alberto. *O trabalho e o sindicato – Evolução e desafios*. p. 246

Fundamentos do Direito Coletivo do Trabalho

É o panorama do início século XX, de valorização do trabalho e do despertar do Estado para a intervenção legislativa na seara laboral, o que representa uma nova concepção em escala mundial. Sobrevêm as Constituições Sociais: no México, em 1917, pioneiro na constitucionalização do Direito do Trabalho, com a regulamentação do direito de associação e de greve no artigo 123 da Carta; na Alemanha, em 1919, com a Constituição de Weimar, na qual, em seu artigo 159, restou declarada a liberdade de associação para a defesa econômica e de condições de trabalho.

O sindicalismo sofreu uma estagnação durante o período da Primeira Guerra Mundial, mas, ao cessar o conflito, o movimento sindical retornou fortalecido. Tal fato se evidencia a partir do Tratado de Versalhes, de 1919 (Conferência de Paz), reconhecido por dar ao sindicato um sentido até então não visto, bem como por ser responsável pela criação da Organização Internacional do Trabalho (OIT).[39] A OIT passou a ser o órgão das Nações Unidas voltado para a defesa dos direitos humanos e trabalhistas reconhecidos na esfera internacional, com estrutura tripartite (representantes do governo, dos empregadores e dos trabalhadores).

Embora a internacionalização do Direito do Trabalho e do movimento sindical já se encontrasse em franco desenvolvimento, foi mais do que importante a regulamentação internacional do trabalho a partir da OIT, estabelecendo uma ação conjunta acerca das condições de trabalho para a Sociedade das Nações. Em se tratando da regulamentação internacional do trabalho, especialmente no âmbito sindical, destacam-se a Convenção 87, sobre a liberdade sindical e proteção do direito à sindicalização, e a Convenção 98, sobre o direito de sindicalização e de negociação coletiva. Ademais, são diversas as realizações da OIT, o que ensejou o reconhecimento em nível internacional deste órgão, principalmente pela permanente busca da efetivação dos seus princípios, em prol do equilíbrio social. Tamanha é a importância do trabalho desenvolvido pela OIT que, em 1969, a mesma recebeu o prêmio Nobel.

Contudo, mesmo após a constituição da OIT, igualmente se vislumbrou um intervencionismo acirrado, como a *Carta de Lavoro* na Itália, em 1927, com a manutenção dos sindicatos sob regime corporativista e vinculados à outorga estatal, princípios que expandiram para outros países. Nesse período, as relações de trabalho sofreram uma supressão das liberdades de organização e ação, mediante uma estru-

---

[39] Parte XIII do Tratado de Versalhes.

tura vertical de sindicatos e forte intervencionismo estatal no tocante à regulamentação das condições de trabalho.

O cenário que segue ao final da segunda Guerra Mundial trouxe de volta a ideia de liberdade sindical e a extinção do modelo corporativista. A partir da redemocratização da Europa, em 1946, foram elaboradas a Convenção nº 87 da OIT (Conferência de São Francisco) e a Declaração Universal dos Direitos do Homem, ambas de 1948 e de grande relevância no que concerne ao direito de sindicalização e liberdade sindical. Destes instrumentos decorre o sentimento comum de necessidade de se garantir a liberdade sindical e a liberdade de reunião enquanto valores essenciais aos empregados e à própria sociedade moderna. Os sindicatos perdem as características de subversão e clandestinidade, pois, pela via constitucional, passam a ser peças chaves do sistema social, representando importante instrumento do Estado Social, seja em aspectos ligados ao trabalho, seja no tocante à formação da vontade política.

Não se pode deixar de referir o período chamado *outono quente*, no final de 1969, marcado por conturbadas lutas sindicais em prol dos contratos de empresa e nacionais, com reivindicações não apenas salariais.[40] Os sindicatos passam a ser entes de direito privado, com a estrutura pautada em ideais de democratização, de independência do Estado e de autonomia coletiva, com atuação ampla, quer local quer nacionalmente, ressalvadas algumas especificidades de cada país. Por fim, cabe destacar a internacionalização do movimento sindical no mundo, principalmente em razão da Comunidade Europeia, tanto que em 1995 foi assinado o primeiro acordo coletivo em nível comunitário,[41] não obstante a existência de outros instrumentos anteriores de diálogo social.

1.3. A origem dos sindicatos no Brasil

Assim como aconteceu no mundo, a origem do associativismo no Brasil passou pelas corporações de ofício, com sua estrutura hierárquica comandada pelos mestres de determinado ofício. Conforme ressalta Nascimento, as corporações no Brasil não tiveram a mesma expressão daquelas do continente europeu, embora tenham tido o mesmo fim e pelas mesmas razões.[42] Em 1824, as corporações foram

---

[40] NASCIMENTO, Amauri Mascaro. *Compêndio de direito sindical.* p. 59.

[41] NASCIMENTO, Amauri Mascaro. *Compêndio de direito sindical.* p. 325.

[42] NASCIMENTO, Amauri Mascaro. *Compêndio de direito sindical.* p. 78.

proibidas no Brasil, por meio da Constituição outorgada por Dom Pedro I, como reflexo dos ideais liberais da Revolução Francesa e do movimento que há décadas ocorria na Europa.[43] Nos tempos do Império, não havia um ambiente propulsor da organização coletiva do trabalho, já que a sociedade brasileira era rural e escravocrata, com pouca densidade populacional.[44] Isso justifica as poucas referências aos movimentos associativos da época.

As primeiras organizações surgiram no século XIX, por intermédio de sociedades de socorros mútuos e ligas operárias, criadas por trabalhadores urbanos mais qualificados, uma vez que a Constituição monárquica de 1824, em seu artigo 179, proibia qualquer forma de organização sindical. Destacaram-se a Liga Operária, em 1870; a Liga Operária de Socorros Mútuos, em 1872; e a União Operária, em 1880, haja vista serem organizações operárias que se assemelhavam às associações de classe, com a finalidade de reivindicação. Embora seus nomes indiquem profissões e atividades, tais associações abriam seus quadros para outras pessoas,[45] mesmo estranhas às referidas atividades, o que prejudicava o espírito corporativo e a solidariedade. Mais tarde, surgiriam as sociedades de resistência.

A Constituição da República, de 24 de fevereiro de 1891, não atentava à questão social, omitindo das suas linhas mestras uma regulação do trabalho. Embora surgissem leis do trabalho na Europa – inclusive na Inglaterra e na França já estava reconhecida a liberdade sindical –, seus reflexos eram tímidos no Brasil. Não obstante, a interpretação da Carta de 1891 favorecia a liberdade de associação e a liberdade profissional, como prescrito no art. 72[46] do referido diploma constitucional.[47] Nesse período, têm início as imigrações para o Brasil, o que repercutiu na organização dos trabalhadores.

Somente no final do século XIX é que foram criadas associações voltadas à ação sindical, em específico tratando dos aspectos econô-

---

[43] STÜRMER, Gilberto. *A liberdade sindical na Constituição da República Federativa do Brasil de 1988 e a sua relação com a Convenção 87 da Organização Internacional do Trabalho.* Porto Alegre: Livraria do Advogado, 2007. p. 67.

[44] MORAES FILHO, Evaristo de. *O problema do sindicato único no Brasil:* seus fundamentos sociológicos. p. 182.

[45] SÜSSEKIND, Arnaldo [*et al.*]. *Instituições de direito do trabalho.* p. 1105.

[46] Art. 72. A Constituição assegura a brasileiros e a estrangeiros residentes no País a inviolabilidade dos direitos concernentes à liberdade, à segurança individual e à propriedade, nos termos seguintes: [...] § 8º A todos é lícito associarem-se e reunirem-se livremente e sem armas; não podendo intervir a polícia senão para manter a ordem pública. [...] § 24. É garantido o livre exercício de qualquer profissão moral, intelectual e industrial.

[47] NASCIMENTO, Amauri Mascaro. *Curso de direito do trabalho:* história e teoria geral do direito do trabalho: relações individuais e coletivas do trabalho. p. 66.

micos dos ofícios, tais como melhores salários e redução de jornadas. Nessa época, embora proibidas, foram realizadas algumas greves, como a dos ferroviários em São Paulo, no ano de 1901. As greves eram inevitáveis diante da situação existente, vale dizer, de falta de proteção legal acerca das condições de trabalho, fruto de um Estado tido por liberal.

Os primeiros textos legais regulando os sindicatos foram o Decreto nº 979, de 06 de janeiro de 1903,[48] e o Decreto nº 1.637, de 1907,[49] os quais garantiam a intervenção estatal e a prevalência dos interesses patronais no contexto referido como a primeira fase do sindicalismo brasileiro. O primeiro objetivava a associação daqueles trabalhadores dedicados às atividades rurais, para facilitar a distribuição de créditos, inclusive porque o Brasil era um país essencialmente agrícola até então. O segundo criava as sociedades corporativas e estendia o direito de associação a todos os profissionais, inclusive os liberais. Como bem destaca Moraes Filho, os referidos diplomas legais iniciavam uma fase que a Europa havia passado cerca de cem anos antes, de mera assistência econômica e cooperação dos associados.[50]

Em 1903, passou a ser generalizado o termo *sindicato*, e os trabalhadores do Estado do Rio de Janeiro fundaram a Federação das Associações de Classe, posteriormente transformada na Federação Operária Regional Brasileira. Tal organização realizou seu primeiro congresso em 1906, no qual se discutiu a concepção dos sindicatos, prevalecendo a noção de associações profissionais apolíticas, voltadas a luta econômica para a melhoria das condições de vida dos trabalhadores.[51] A primeira organização com o nome de sindicato foi o Sindicato dos Trabalhadores em Mármore, Pedra e Granito, de São Paulo, em 1906. Entretanto, o termo sindicato não deve ser visto na acepção atual. O sindicato, à época, era muito mais um rótulo, pois não havia base intelectual nem econômica que lhes assegurasse a organização.[52] Além disso, era frequente a sindicalização aparente, cujo intuito real estava na exploração eleitoral de facções políticas.

Em 12 de junho de 1917, na cidade de São Paulo, ocorreu a greve tida como a de maior repercussão, pautada no protesto dos operários

---

[48] Permitiu a sindicalização dos profissionais da agricultura e das indústrias rurais. Sua ementa foi assim disposta: "Faculta aos profissionais da agricultura e industrias ruraes a organização de syndicatos para defesa de seus interesses".

[49] Organizou o sindicalismo urbano.

[50] MORAES FILHO, Evaristo de. *O problema do sindicato único no Brasil*: seus fundamentos sociológicos. p. 186.

[51] MORAES FILHO, Evaristo de. *O problema do sindicato único no Brasil*. p. 191.

[52] SÜSSEKIND, Arnaldo [et al.]. *Instituições de direito do trabalho*. p. 1107.

em face dos salários. Não havendo acordo, aderiram ao movimento, em solidariedade, cerca de vinte mil grevistas, que passaram a exigir reajuste salarial. Paralisaram-se os bondes, a luz, o comércio e a indústria da cidade. Como se não bastasse, o movimento se estendeu para o interior, atingindo um número total de treze cidades. Ao cabo, em razão de tamanha dimensão, os jornalistas intermediaram o conflito, chegando a uma solução no dia 15 de julho daquele ano.[53]

A partir de 1919, é possível afirmar uma maior responsabilidade do Estado Brasileiro no que concerne ao desenvolvimento social-trabalhista. O Brasil assinou o Tratado de Versalhes, bem como se filiou à Organização Internacional do Trabalho, com o consequente dever de seguir determinadas recomendações na defesa e proteção dos trabalhadores. Nesse período, é preciso incorporar ao contexto sindical o crescimento da indústria, a qual passa a avançar de modo significativo, com reflexos no crescimento da área urbana e da população operária. Também surgiram greves nos principais centros urbanos do Brasil, como Rio de Janeiro, São Paulo, Recife e Salvador, comprometendo desde o serviço de bondes até estabelecimentos industriais e o setor da construção, sempre em busca de vantagens como, por exemplo, a jornada de oito horas.[54]

Cronologicamente, é oportuno fazer referência à Lei Eloy Chaves,[55] de 1923, que criou a estabilidade decenal e a previdência social, ainda que de forma rudimentar. A referida lei estava atrelada, inicialmente, aos ferroviários, situando o Brasil como um dos primeiros países na América Latina a conceder estabilidade decenal para tal categoria. Em 1927, a lei foi estendida aos marítimos e portuários,[56] sendo que, em 1931, passou a alcançar todas as empresas de serviço público.[57] Em 1943, a CLT unificou a estabilidade para todos, com a ressalva dos trabalhadores rurais e domésticos.

A partir da Revolução de 1930, que levou Getúlio Vargas ao poder, verificou-se intensa produção legislativa no âmbito do trabalho, inclusive em matéria sindical, como decorrência das reformas sociais promovidas e do Estado intervencionista. Assim, a história do Brasil e a das relações sindicais, sofre profundas transformações na década

---

[53] NASCIMENTO, Amauri Mascaro. *Compêndio de direito sindical*. p. 84.

[54] MORAES FILHO, Evaristo de. *O problema do sindicato único no Brasil*: seus fundamentos sociológicos. p. 197-199.

[55] Lei n° 4.682, de 1923.

[56] Lei n° 5.109, de 1926; e Decretos n° 17.940 e 17.941, ambos de 1927.

[57] GOMES, Angela de Castro; PESSANHA, Eliana G. da Fonte; MOREL, Regina de Moraes. *Arnaldo Süssekind, um construtor do direito do trabalho*. Rio de Janeiro: Renovar, 2004. p. 168-169.

de trinta, com a decadência da oligarquia rural. Consolidam-se o empresariado industrial, a classe média e a operária, o que resultou no intenso crescimento das concentrações urbanas. Preocupado, o Estado passa a organizar as relações de trabalho, principalmente como forma de controle, integrando as classes trabalhadoras e empresariais em categorias por ele definidas, conceito denominado como enquadramento sindical.

Não obstante algumas leis anteriores, é neste período que se pode conceber um sistema trabalhista organizado, gerido e aplicado em consonância com a intenção de Vargas, que, para tanto, criou o Ministério do Trabalho, Indústria e Comércio, de titularidade inicial de Lindolfo Collor. Em 19 de março de 1931, por meio do Decreto nº 19.770, foi regulamentada a sindicalização das classes patronais e operárias, escrita por Evaristo de Moraes e Joaquim Pimenta.

O referido Decreto é tido como o marco inicial da verdadeira organização sindical, embora tenha adotado um modelo altamente intervencionista, incompatível com a organização autônoma dos sindicatos. Tais entidades possuíam atribuições delegadas do Estado, de caráter público, e estavam fortemente vinculadas aos órgãos do Estado. No art. 1º do Decreto nº 19.770, era estabelecida a abstenção de propagandas de ideologias sectárias de caráter social, político ou religioso como condição para o reconhecimento da organização sindical. No art. 9º, estava estipulada a unicidade sindical, ainda que permitida a união de classes pelo critério da identidade, similaridade e conexidade.

Mesmo em face das imperfeições, principalmente em razão da submissão do funcionamento do sindicato ao Estado, ainda assim são inegáveis os avanços e a importância do Decreto nº 19.770 de 1931 para o sindicalismo brasileiro. Em 1932, foi instituída a contratação coletiva pelo Decreto nº 21.761,[58] embora a forte disciplina da negociação coletiva pelo Estado acabasse por negar a sua finalidade maior: a autocomposição. As normas que surgiam atestavam um Direito Coletivo, sendo os sindicatos não apenas órgãos vinculados aos interesses da profissão, mas também de colaboração com o Estado e para a coordenação dos direitos e deveres dos trabalhadores e empregadores.

Surpreendentemente, a Constituição de 1934, tida como a primeira Constituição Social do Brasil,[59] estabeleceu o pluralismo sindical,

---

[58] STÜRMER, Gilberto. *A liberdade sindical na Constituição da República Federativa do Brasil de 1988 e a sua relação com a Convenção 87 da Organização Internacional do Trabalho.* p. 73.

[59] Moldada sobre a Constituição Alemã, de 1919.

nos termos do seu art. 120, parágrafo único.[60] A noção de pluralidade possui uma amplitude conceitual que dificulta um consenso, principalmente por vincular questões como o enquadramento sindical, a exclusividade do sindicato, a eficácia *erga omnes* dos convênios e a compulsoriedade da contribuição. Quando em pauta o conceito de pluralidade, são comuns as referências à Convenção 87 da OIT, a qual roga que "os trabalhadores [...] têm o direito [...] de constituírem organizações da sua escolha, assim como o de se filiarem nessas organizações, com a única condição de se conformarem com os estatutos destas últimas".[61]

Por ora, compreende-se a pluralidade sindical como a possibilidade de haver mais de um sindicato da categoria na mesma base territorial. Ressalva-se que tal afirmação se desvela no plano da existência, não significando necessariamente a possibilidade de atuação concomitante de dois ou mais sindicatos para uma mesma categoria, o que será discutido no segundo capítulo.

Relembre-se também que a Carta de 1934 foi marcada pela criação da Justiça do Trabalho, porém apenas regulamentada em 1940 e inaugurada em 1941, ainda não vinculada ao Judiciário. Contudo, o Decreto nº 24.694, de 12 de julho de 1934, que se antecipou à Constituição, acabava por frustrar os adeptos do pluralismo ao reconhecer que apenas uma entidade sindical poderia possuir atribuições sindicais, bem como em face das difíceis condições para criação do segundo sindicato.[62]

Em outras palavras, na história brasileira não houve, a rigor, pluralidade sindical, senão uma rápida experiência dualista, ou uma pluralidade mitigada. Por outro lado, o Decreto nº 24.694/34 almejou uma maior autonomia do sindicato em relação ao controle da autoridade administrativa, ainda que, de fato, impunha-se uma série de limitações e controle estatal.

Para corroborar, logo em seguida passou a imperar no Brasil o regime da unicidade, consoante o artigo 138[63] da Carta de 1937 ("Po-

---

[60] MORAES FILHO, Evaristo de. *O problema do sindicato único no Brasil*: seus fundamentos sociológicos. p. 227.

[61] Disponível em: OIT <http://www.oit.org/ilolex/portug/docs/C087.htm.> Acesso em 29/03/09.

[62] Dentre as quais se destaca a exigência de 1/3 da categoria para criar um sindicato.

[63] Art. 138. A associação profissional ou sindical é livre. Somente, porém, o sindicato regularmente reconhecido pelo Estado tem o direito de representação legal dos que participarem da categoria de produção para que foi constituído, e de defender-lhes os direitos perante o Estado e as outras associações profissionais, estipular contratos coletivos de trabalho obrigatórios para todos os seus associados, impor-lhes contribuições e exercer em relação a eles funções delegadas de Poder Público.

laca"), cujo texto soa como transcrição da cláusula III, da *Carta del Lavoro*, além de acentuar o dirigismo na esfera sindical. A partir de 10 de novembro de 1937, o Brasil passa a ter uma nova Constituição, outorgada pelo Chefe de Governo, o qual adquiriu amplos poderes para legislar, em uma época referida como o auge do totalitarismo. O Congresso fora substituído pela Câmara Corporativa.

Por essas razões, define-se o modelo sindical brasileiro como sendo corporativista, inspirado no sistema fascista[64] italiano e na *Carta del Lavoro*, cuja política imposta por Vargas, por meio de iniciativas e controle do Estado, apaziguavam os trabalhadores mediante concessões de um Estado paternalista, que acabava por afastar os benefícios advindos da negociação entre empregados e empregadores. O sindicato era tido como livre, porém apenas seriam sindicato aqueles órgãos reconhecidos pelo próprio Estado, o qual, por sua vez, fixava fortes mecanismos de intervenção.

Na verdade, o próprio sindicalismo brasileiro dessa geração se destacou sob o manto do Estado e o patrocínio do Ministério do Trabalho. Não houve sindicalismo de fato, ou este não chegou a ter expressão. Não havia indústrias, nem massa operária ou luta de classes, como regra.[65] O sistema legal pautou-se em uma organização sindical autoritária, cujo reconhecimento estava atrelado ao Estado. Portanto, esta é uma incoerência do próprio nascedouro da organização sindical, afinal "o sindicalismo só é forte onde há espírito sindical, um dado sociológico, que não decorre de lei, mas da concentração operária".[66]

Em 05 de julho de 1939, foi promulgado o Decreto-Lei nº 1.402, que criava a organização sindical, cuja inspiração italiana é perceptível a partir das denominações de categoria econômica e categoria profissional. Ressalte-se que a base da atual organização sindical brasileira ainda está pautada neste diploma datado de 1939, embora incorporado à CLT. Ou seja, permanece um modelo trabalhista de décadas

---

[64] Embora existam referências em contrário. Por exemplo, a lei sindical de 1931, a qual consagrou a unicidade compulsória, é entendida por Arnaldo Süssekind como desvinculada do fascismo, pois a comissão que elaborou tal proposta foi composta por Evaristo de Moraes Filho (PSB); Joaquim Pimenta, um comunista confesso; e Agripino Nazareth, de ideal socialista. Para Süssekind, se houvesse cópia de legislação pré-existente, teria sido a da União Soviética, que igualmente adotava a unicidade. Não obstante, parece não haver dúvidas que o monopólio da representação da categoria por sindicato foi copiado da Carta Italiana de 1927. *In*: GOMES, Angela de Castro; PESSANHA, Eliana G. da Fonte; MOREL, Regina de Moraes. *Arnaldo Süssekind, um construtor do direito do trabalho*. p.52-78.

[65] SÜSSEKIND, Arnaldo [*et al.*]. *Instituições de direito do trabalho*. p. 1105-1106.

[66] GOMES, Angela de Castro; PESSANHA, Eliana G. da Fonte; MOREL, Regina de Moraes. *Arnaldo Süssekind, um construtor do direito do trabalho*. p. 51.

Fundamentos do Direito Coletivo do Trabalho

atrás, demasiadamente intervencionista, em desconformidade com as novas realidades.

O Decreto-Lei nº 1.402 proibiu a greve, por considerá-la nociva à economia e aos interesses da Nação, bem como promulgou um quadro de atividades e profissões. Permitiu a intervenção do Estado no sindicato, afinal os sindicatos teriam poder de representação apenas se reconhecidos pelo Estado, o qual detinha o controle administrativo e político de suas atividades. No ano seguinte, foram estabelecidas a contribuição sindical e o enquadramento sindical pelos Decretos nos 2.377 e 2.381, respectivamente. Em maio de 1943, foi criada a Consolidação das Leis do Trabalho, como uma reunião da esparsa legislação trabalhista, que havia crescido de forma desordenada no âmbito do Direito Individual, Coletivo e do Processo do Trabalho. Entretanto, a publicação trouxe inovações, gerando a discussão sobre sua natureza jurídica, se seria ou não um Código.

A Constituição de 1946, no que concerne ao sindicalismo, manteve o sistema de unicidade até então vigente, embora tenha sido a primeira Carta Constitucional Brasileira a reconhecer o direito de greve.[67] O art. 159 da Constituição declarou ser livre a associação profissional ou sindical, enquanto princípio universal, porém remeteu à legislação ordinária a regulamentação da matéria. Como visto, a legislação infraconstitucional tem suas bases no regime corporativista, não havendo que se falar em autonomia da organização sindical. Portanto, a Constituição de 1946 foi menos precisa do que as Cartas anteriores em matéria sindical, ampliando os poderes do legislador. Ainda no ano em questão, foi criada a primeira lei de greve, conforme Decreto-Lei nº 9.070 de 1946, posteriormente complementada pelo Decreto-Lei nº 1.632 de 1978.

A partir da década de sessenta, o golpe militar cerceou a atividade sindical com diversas intervenções nos sindicatos, situação que se manteve durante todo o período da ditadura, finda em 1985. A Constituição de 1967, posteriormente alterada pela Junta Militar que estava no poder em 1969, manteve as disposições constitucionais anteriores em matéria sindical. A ditadura instaurada calou o movimento sindical até a década de oitenta, quando ganharam forças os movimentos sociais e se assistiu ao notável incremento da sindicalização, principalmente no setor de metalurgia no ABC paulista, onde eclodiram greves a partir de 1978. Como bem retrata Pereira:

> Do final da década de 70 ao início da de 80, a classe operária decidiu ser mais agressiva: mudou de comportamento e decidiu lutar por objetivos comuns, melhoria das

---

[67] Art. 158. É reconhecido o direito de greve, cujo exercício a lei regulará.

condições de trabalho, melhorias salariais, etc. Nessa época surgiram novas e combatentes lideranças, coincidentemente com a denominada "política de abertura" dos governos de então, naturalmente fruto delas. Registra-se, a partir daí, o abrandamento das restrições que os organismos sindicais sofriam. E aos governos militares da época credita-se, portanto, a nova ordem jurídica e o sucesso do movimento sindical, pois franquearam o espaço para o crescimento deste a empregados e empregadores.[68]

Remonta a esta época a fundação das atualmente conhecidas Centrais Sindicais, de cunho independente e que, por muito tempo, representaram um verdadeiro movimento sindical de fato, sendo que, atualmente, as Centrais também estão reconhecidas na esfera jurídica. Iniciaram-se as pressões pela reforma do sistema e pela democracia, culminando com a promulgação da Carta Constitucional de 1988, atualmente em vigência.

1.4. Análise contextual do sindicalismo brasileiro

A Constituição Federal brasileira de 1988 é um marco na seara do Direito do Trabalho, principalmente a partir da consagração de diversos Direitos Sociais e de sua inclusão no âmbito dos Direitos Fundamentais, consoante previsto nos artigos de 7º ao 11º da Carta Constitucional. Restou modificado o sistema jurídico, inclusive no que concerne às relações de trabalho.[69] Não obstante, não faltaram críticas à Carta de 1988, até mesmo referida como a vitória do retrocesso,[70] haja vista a manutenção das concepções do Estado Novo, obstacularizando a democratização das relações de trabalho no Brasil.

No âmbito do Direito Coletivo do Trabalho, a esperança no desenvolvimento do sindicalismo após a consolidação de um Estado Democrático de Direito logo caiu por terra quando, a partir da análise do artigo 8º da Carta de 1988, verificou-se a manutenção do sistema corporativista, tido como sindicalismo estatal. Embora tenha se tornado desnecessária a chancela estatal para a criação de um sindicato, havendo um registro no órgão competente apenas para fins de organização, o referido dispositivo acabou por manter o regime da unicidade e a contribuição sindical compulsória após pressões dos próprios sindicatos perante a Constituinte. A manutenção desses elementos deflagra o chamado cunho conservador da transformação, ou seja, a

---

[68] PEREIRA, João Batista Brito. *O sindicalismo no Brasil. Uma proposta para o seu fortalecimento. In* Direito Coletivo do Trabalho em uma Sociedade Pós-Industrial. São Paulo: LTr, 2003. p. 279.

[69] NASCIMENTO, Amauri Mascaro. *Curso de direito do trabalho*: história e teoria geral do direito do trabalho: relações individuais e coletivas do trabalho. p. 79.

[70] ROMITA, Arion Sayão. *O princípio da proteção em xeque e outros ensaios*. São Paulo: LTr, 2003. p. 32.

Fundamentos do Direito Coletivo do Trabalho

conservação dos pilares do corporativismo[71] (imposição da unicidade, do enquadramento e da contribuição sindical), implantados por regimes autoritários, mantidos mesmo no processo posterior de democratização política.[72]

Nesta senda, oportunas são as justificativas de Arnaldo Süssekind sobre a opção de Getúlio Vargas, em 1937, acerca da unicidade e a crítica da manutenção deste sistema na Carta de 1988:

> Vargas teve razão ao adotar a unicidade sindical, que resultou nessa força, e ao criar o imposto sindical, que estabeleceu um vínculo financeiro entre o sindicato e a massa trabalhadora, aproximando-a dos seus representantes, fortalecendo-os. Hoje, a Constituição de 1988, que, nesse ponto, repetiu a Carta de 1937, precisa de modificação para assegurar a liberdade sindical no seu tríplice aspecto: do indivíduo, do grupo, da entidade. E a contribuição sindical compulsória deve ser substituída pela 'quota de solidariedade', cobrada dos trabalhadores não sindicalizados beneficiados pela ação do sindicato que os representou na negociação coletiva.[73]

Por mais que se possa justificar a adoção pretérita desse sistema,[74] não resta dúvida de que ele é insustentável nos dias de hoje. Porém, ao passo que o *caput* do artigo 8º da Magna Carta dita ser livre[75] a associação profissional ou sindical, seus respectivos incisos, contraditoriamente, impõem a unicidade sindical por categoria, bem como permitem contribuições obrigatórias em favor das entidades sindicais.

Ao tratar deste assunto perante a Constituinte, Arnaldo Süssekind, em sua biografia, refere que a ideia prevalente na Constituinte era a de assegurar a completa liberdade sindical. Entretanto, um acordo entre os interessados resultou na concordância do Departamento Intersindical de Assistência Parlamentar – DIAP – em extinguir a estabilidade no emprego, desde que fosse preservada a unicidade e o contribuição sindical.[76]

---

[71] Sistema intervencionista no movimento sindical.

[72] RUSSOMANO JR., Victor. *A teoria do caos e direito coletivo do trabalho. In* Direito Coletivo do Trabalho em uma Sociedade Pós-Industrial. São Paulo: LTr, 2003. p. 145.

[73] GOMES, Angela de Castro; PESSANHA, Eliana G. da Fonte; MOREL, Regina de Moraes. *Arnaldo Süssekind, um construtor do direito do trabalho.* p. 96-97.

[74] Justifica-se uma necessidade pretérita da regulação estatal para evitar os malefícios da luta de classe, diminuindo a ação sindical através de intensa regulação da relação de trabalho, bem como condicionando ao Estado a solução dos conflitos.

[75] Modernamente, não se pode falar em absoluta liberdade, pois muitas vezes as restrições são necessárias como forma de se garantir uma ou algumas liberdade(s). No entanto, é possível estabelecer parâmetros de liberdade, e nesse sentido se critica a Constituição de 1988 que referiu adotar a liberdade sindical, porém com muitos parâmetros de restrições não condizentes com os valores de uma sociedade que se diz ser democrática.

[76] GOMES, Angela de Castro; PESSANHA, Eliana G. da Fonte; MOREL, Regina de Moraes. *Arnaldo Süssekind, um construtor do direito do trabalho.* p. 173-174.

O sistema de unicidade sindical está configurado a partir da limitação de um sindicato por categoria por base territorial mínima (município), conforme previsto no artigo 516 da CLT e, posteriormente, no artigo 8º, inciso II, da Constituição de 1988.[77] Que não se confunda a unicidade com unidade, pois nesta o monopólio sindical ocorre pela conscientização dos trabalhadores, por sua vontade e decisão de manter um único sindicato representativo, justamente pelo êxito na promoção dos interesses e defesa dos direitos dos representados.

Já a contribuição sindical compulsória, também chamada de imposto sindical, é obrigatória a todos os membros de uma categoria, independentemente da filiação. Como pondera Moraes Filho, um opositor da contribuição sindical, no Brasil ainda não há um sindicalismo suficientemente forte de modo a ensejar a extinção imediata da contribuição sindical compulsória. Para ele, essa contribuição deveria ter sido extinta, paulatinamente, já desde a Constituição de 1988, pois os fatores que a motivaram foram sendo superados.[78] O receio é que, sem a dita contribuição, não haja sindicato forte por não existir espírito de luta.

A denominação monopólio sindical, e o fenômeno que representa, pode ser bem compreendida a partir dos ensinamentos de Santos:

> A unicidade sindical é também denominada de monopólio sindical, na medida em que o sindicato de determinada região ou município, devidamente constituído, que primeiro conseguir o registro de seus estatutos e atos constitutivos junto ao Ministério do Trabalho e do Emprego, adquire uma espécie de imunidade ou capa protetora do Estado, em relação a outros sindicatos concorrentes, ao mesmo tempo em que passa a ter o direito à contribuição sindical obrigatória de todos os trabalhadores daquela categoria na região sob sua jurisdição, sejam ou não sindicalizados.[79]

Por outro lado, a Constituição de 1988 passou a garantir uma autonomia na administração do sindicato e na sua auto-organização, dando ampla liberdade às entidades sindicais na tomada de decisões e nos respectivos atos de execução. Conforme os termos da Carta Constitucional, é expressamente vedada a interferência estatal na organização sindical. A análise do Ministério do Trabalho e do Emprego se restringe aos requisitos de ordem formal para o registro da entidade e a atribuição da prerrogativa sindical. A antiga carta de reconheci-

---

[77] Art. 8º É livre a associação profissional ou sindical, observado o seguinte: [...] II – é vedada a criação de mais de uma organização sindical, em qualquer grau, representativa de categoria profissional ou econômica, na mesma base territorial, que será definida pelos trabalhadores ou empregadores interessados, não podendo ser inferior à área de um Município.

[78] GOMES, Angela de Castro; PESSANHA, Eliana G. da Fonte; MOREL, Regina de Moraes. *Arnaldo Süssekind, um construtor do direito do trabalho*. Rio de Janeiro: Renovar, 2004. p. 174-177.

[79] SANTOS, Enoque Ribeiro dos. *Fundamentos do direito coletivo do trabalho nos Estados Unidos da América, na União Européia, no MERCOSUL e a experiência brasileira*. p. 180.

Fundamentos do Direito Coletivo do Trabalho

mento e a investidura sindical já não fazem parte da estrutura sindical após a Constituição de 1988, tornando letra morta o artigo 519 da CLT,[80] bem como diversos outros dispositivos celetistas, uma vez que são incompatíveis com os novos ditames constitucionais. Afinal, o Poder Constituinte é o poder que constitui os demais poderes, sendo que apenas as leis pretéritas compatíveis com a nova Carta é que mantêm o seu fundamento de validade.

Também foi vedada qualquer ingerência do Órgão Ministerial no âmbito da administração interna das organizações sindicais. Não resta dúvida de que a autonomia sindical, também denominada liberdade da instituição sindical,[81] restou expressamente garantida pela Carta de 1988, um avanço que não pode deixar de ser referendado. Por esse viés, o Estado deixou de controlar os sindicatos.

De outra banda, restou consagrada a liberdade de afiliação ou não afiliação, embora a efetividade dessa regra não possa ser considerada na sua plenitude, uma vez que os não afiliados se sujeitam à contribuição sindical compulsória. Ressalta-se que não se trata de uma crítica ao fato de obrigar o trabalhador não associado a contribuir, haja vista que pelo nosso ordenamento jurídico este receberá os benefícios das normas coletivas, mas se critica as formas de contribuição e a compulsoriedade da participação do trabalhador. Por isso a relevância de se reavaliar o sistema sindical como um todo, por ser intimamente interligado, de modo que não se pode alterar contribuições sindicais sem avaliar temas como a aplicação (*erga omnes*) das normas coletivas e a possibilidade de filiação em mais de um sindicato.

Da mesma forma, a Constituição de 1988 não conferiu ao trabalhador o poder de optar pela entidade à qual se quer filiar, tendo em vista a unicidade. Não obstante, o inciso V do art. 8º da Constituição Federal, é claro no sentido de facultar a filiação ao sindicato, o que acarreta a nulidade de qualquer cláusula coletiva que vincule a aquisição de direito ou até mesmo a contratação à filiação do trabalhador, conhecidas como *closed shop*,[82] entre outras.

Permaneceu intacto o enquadramento sindical a partir da adoção do sistema confederativo e da organização sindical por categorias simétricas, econômicas e profissionais. Contrapõe-se a categoria pro-

---

[80] O Estado não mais atribui, a seu juízo, personalidade sindical às entidades. Faz apenas o exame dos pressupostos formais, mantendo uma catalogação dos entes sindicais registrados, em prol da observância da regra da unicidade.

[81] SÜSSEKIND, Arnaldo [et al.]. *Instituições de direito do trabalho*. p.1137-1138.

[82] Cláusula na qual o empregador se compromete, perante o sindicato profissional, a somente contratar empregados filiados à entidade sindical.

fissional – de trabalhadores – à categoria econômica – de empregadores – pautada no chamado vínculo social básico de interesse (vínculo de solidariedade), havendo possibilidade de convergência em razão da identidade, similaridade ou conexidade das atividades,[83] ou seja, quando há, respectivamente, uma igualdade; quando as atividades se assemelham, guardam alguma proximidade; e quando são complementares uma das outras, concorrendo para um fim comum. Assim, decorre da Carta de 1988 o monopólio da representação sindical por categoria, homogênea, vedando outras formas de representação, heterogêneas, como aquela realizada por empresas, por exemplo.

Igualmente permaneceu reconhecido o direito de greve,[84] sendo que, já no ano seguinte à promulgação da Carta, foi regulamentada a greve no setor privado a partir da Lei Federal nº 7.783/89. A greve é o principal mecanismo de força dos trabalhadores (autodefesa) na relação com os empregadores, enquanto um movimento precipuamente de fato, ou seja, que ocorre à margem de uma permissão ou proibição legal, conforme restou atestado ao longo da história.

Por sua vez, a representação dos trabalhadores nos locais do trabalho, conforme previsto no art. 11º da Constituição de 1988, acabou não tendo maiores contornos práticos, pois é obrigatória a participação dos sindicatos nas negociações coletivas de trabalho (CF, art. 8º, inciso VI); além disso, inexiste qualquer garantia de emprego ao representante. Assim, haver uma organização de trabalhadores na empresa desprovida de poderes para celebrar compromissos, ou pelo menos sem a validade daquelas obrigações que gozam da chancela sindical e sem garantir o emprego dos representantes reduz drasticamente as funções e a viabilidade dessa representação. Ou seja, a representação local jamais terá força por si própria, sempre dependendo do apoio do sindicato profissional, embora devesse ser uma organização que não se confunde com o sindicato.

A representação no local de trabalho é instituto antigo na seara sindical, sendo essencial para o fortalecimento dos trabalhadores no âmbito da empresa e para a instauração de um canal de comunicação, sem o qual a estrutura sindical será deficiente. Fundamenta-se no próprio direito de associação, representação e participação dos empregados, com o objetivo principal de criar o equilíbrio no

---

[83] CLT, art. 511, §§ 1º e 2º.

[84] Art. 9º É assegurado o direito de greve, competindo aos trabalhadores decidir sobre a oportunidade de exercê-lo e sobre os interesses que devam por meio dele defender. § 1º A lei definirá os serviços ou atividades essenciais e disporá sobre o atendimento das necessidades inadiáveis da comunidade. § 2º Os abusos cometidos sujeitam os responsáveis às penas da lei.

exercício dos poderes atribuídos ao empregador.[85] Tanto que ocorre praticamente em todos os sistemas sindicais pluralistas, tais como Alemanha, França e Itália, tidos como mais desenvolvidos, ao passo que existe uma fraca representação nos locais de trabalho na experiência brasileira.

O Brasil segue com a sua estrutura sindical na forma piramidal e confederativa, com os sindicatos na base, os quais, agrupados, formam federações e confederações, conforme seu âmbito de atuação. Tal estrutura tem uma base vertical e compulsória, representativa das categorias econômicas e profissionais, mantendo a forma que já havia sido regulamentada pela CLT.

Em relação ao custeio dos sindicatos, do ponto vista legal, tem-se como possível a cobrança de quatro contribuições: a contribuição sindical, comumente chamada de imposto sindical, decorrente de lei, conforme ressalva do art. 8º, inciso IV[86] da Constituição, combinado com o art. 578[87] e seguintes da CLT; a contribuição confederativa, fixada em assembleia geral, nos termos do art. 8º, inciso IV da Constituição; a contribuição assistencial, estipulada em negociação coletiva e em virtude desta; e a contribuição associativa, prevista em estatuto.

As bases do sindicalismo existente no Brasil estão bem sintetizadas nas palavras de Santos, que enumera os seguintes tópicos:

> a) unicidade sindical; b) dirigismo estatal; c) forma associativa fundada na categoria; d) estrutura piramidal; e) fraca representação nos locais de trabalho; f) falta de densidade política dos sindicatos de base; g) reduzidas taxas de sindicalização; h) contribuição sindical obrigatória e i) poder normativo dos Tribunais do Trabalho.[88]

Cabe também mencionar as alterações decorrentes da Emenda Constitucional (EC) nº 45, de 2004, na denominada reforma do Poder Judiciário, que ampliou consideravelmente a competência da Justiça do Trabalho. No âmbito coletivo, tal emenda alterou a questão do Poder Normativo dos Tribunais do Trabalho, passando a exigir o co-

---

[85] NASCIMENTO, Amauri Mascaro. *Compêndio de direito sindical.* p. 280-283.

[86] Art. 8º [...] IV – a assembléia geral fixará a contribuição que, em se tratando de categoria profissional, será descontada em folha, para custeio do sistema confederativo da representação sindical respectiva, independentemente da contribuição prevista em lei.

[87] Art. 578. As contribuições devidas aos Sindicatos pelos que participem das categorias econômicas ou profissionais ou das profissões liberais representadas pelas referidas entidades serão, sob a denominação do "imposto sindical", pagas, recolhidas e aplicadas na forma estabelecida neste Capítulo

[88] SANTOS, Enoque Ribeiro dos. *Fundamentos do Direito Coletivo do Trabalho nos Estados Unidos da América, na União Européia, no Mercosul e a Experiência Brasileira.* Rio De Janeiro: Lúmen Juris, 2005. p.180.

mum acordo para o ajuizamento dos dissídios coletivos de natureza econômica, nos termos do § 2º do art. 114 da Constituição.[89]

Cumpre destacar, ainda, as recentes alterações no que concerne às Centrais Sindicais, que passaram a compor a organização sindical brasileira, depois que as Casas Legislativas aprovaram o Projeto de Lei nº 1990, de 2007, chancelado pelo Presidente, resultando na Lei Federal nº 11.648, de 31 de março de 2008. O texto aprovado incluiu as Centrais na estrutura sindical brasileira como entidades de representação geral dos trabalhadores de âmbito nacional, as quais passaram a contar com a cota de dez por cento da receita proveniente da contribuição sindical compulsória dos trabalhadores.

Entretanto, as centrais sindicais foram incluídas no ordenamento jurídico em um espaço que não existia, considerando a organização sindical confederativa. O art. 1[90] do referido Diploma incluiu as centrais na pirâmide da estrutura sindical brasileira, porém sem situá-las, deixando margem para interpretações. A norma citada referiu apenas que as centrais constituem entidades de representação geral dos trabalhadores (supracategorial), de âmbito nacional. Ocorre que tal inserção se deu em total desconsideração à regra constitucional da unicidade e da organização por categoria profissional e econômica. Não obstante, reconhece-se o prestígio político-social, a representatividade e a importância dessas entidades no âmbito das relações sindicais.

Um detalhe do Projeto de Lei originário supra é que ele abolia a contribuição compulsória. A esperança pela eliminação desta mazela, porém, foi logo esvaziada com a reforma do texto, após forte influência de sindicalistas, que temem que sua tão famigerada receita dependa da avaliação e do reconhecimento, pelo trabalhador, da competência das entidades sindicais que comandam. No entanto, há de se reconhecer como positiva a inclusão das centrais no modelo sindical, uma vez que estas vinham sendo um verdadeiro e legítimo movimento sindical no país, dada a representatividade de fato destes órgãos.

A atual Constituição Federal nasceu obsoleta quanto à organização sindical, de forma que o desenvolvimento do sindicalismo no Brasil somente ocorrerá com a implantação efetiva da liberdade sindical,

---

[89] Art. 114 [...] § 2º Recusando-se qualquer das partes à negociação coletiva ou à arbitragem, é facultado às mesmas, de comum acordo, ajuizar dissídio coletivo de natureza econômica, podendo a Justiça do Trabalho decidir o conflito, respeitadas as disposições mínimas legais de proteção ao trabalho, bem como as convencionadas anteriormente. (Redação dada pela Emenda Constitucional nº 45, de 2004)

[90] Art. 1º A central sindical, entidade de representação geral dos trabalhadores, constituída em âmbito nacional, terá as seguintes atribuições e prerrogativas [...]

Fundamentos do Direito Coletivo do Trabalho

o que demanda uma reforma constitucional. Nesse sentido, são interessantes as considerações de Manglano acerca da liberdade sindical a partir da Constituição Espanhola:

> b) Una supremacía jurídica respecto a otros valores que no tengan La consideración de derechos fundamentales.
> En nuestro ordenamiento priman los derechos colectivos sobre los individuales y así la libertad sindical prevalece sobre los derechos laborales individuales y sobre cualquier otra iniciativa empresarial o pública que suponga cualquier tipo de desconocimiento o restricción del derecho de libertad sindical.[91]

Tal questão será retomada no terceiro capítulo deste trabalho, no qual serão tratadas as transformações necessárias ao desenvolvimento do sindicalismo brasileiro. Por ora, cabe destacar que o contexto atual do sindicalismo brasileiro segue pautado em um sistema corporativista, perceptível a partir do enquadramento sindical, da estipulação da contribuição sindical compulsória e da unicidade sindical. Enfim, a legislação sindical brasileira está pautada na forte regulamentação e imposição de limitações, ao invés de promover e apoiar as ações coletivas dos trabalhadores.

Destaca-se o diagnóstico do Governo apresentado ao Fórum Nacional do Trabalho, em 2003, no qual restou afirmado que, apesar das modificações da Constituição de 1988, o Estado segue intervindo na organização sindical, na negociação coletiva e na solução de conflitos, mediante a manutenção da unicidade, do sistema confederativo, da contribuição sindical e do Poder Normativo da Justiça do Trabalho.[92] Não obstante algumas modificações e a realidade distinta de alguns setores específicos, a estrutura sindical segue o modelo consolidado na era Vargas, no qual o Estado e a Justiça do Trabalho representam as instâncias normativas hegemônicas na regulação dos conflitos trabalhistas.

Esse sistema deu ensejo à multiplicação exagerada de sindicatos, fenômeno também conhecido como "pulverização sindical", haja vista a Carta de 1988, que liberou os sindicatos da vontade do Estado, mantendo-lhes, todavia, a representação exclusiva e a respectiva renda tributária, sem exigir efetiva representatividade.[93] Conforme dados do Ministério do Trabalho, existiam 11.348 sindicatos ativos no país até março de 2008, sendo 67,16% deste número composto por sindicatos

---

[91] MANGLANO, Carlos Molero. *Derecho Sindical.* 223.

[92] HORN, Carlos Henrique. *O confronto entre a continuidade e a mudança da organização sindical brasileira:* uma análise dos resultados das conferências estaduais do trabalho. Porto Alegre: UFRGS, 2005. p.07-08.

[93] HORN, Carlos Henrique. *O confronto entre a continuidade e a mudança da organização sindical brasileira:* uma análise dos resultados das conferências estaduais do trabalho. p. 32.

de trabalhadores,[94] vinculados a mais de dez centrais de diretrizes diferentes. Entretanto, a pesquisa elaborada em 2001 pelo Instituto Brasileiro de Geografia e Estatística – IBGE – apurou um total de 15.961 sindicatos, incluídos aqueles tidos como sem registro.[95] Em contradição, as taxas de sindicalização são cada vez menores desde a Constituição de 1988, e só não são menores ainda devido ao crescimento dos sindicatos de servidores públicos após a Carta Constitucional.

Mesmo nos últimos seis anos, quando o Brasil passou a ser governado pelo Partido dos Trabalhadores, com um sindicalista no topo do Poder Executivo Nacional, a prometida reforma sindical não foi levada a efeito. O Anteprojeto de Lei da Reforma Sindical e a Proposta de Emenda Constitucional (PEC) nº 369/2005 permanecem sem andamento, aparentemente engavetados, motivo pelo qual não se faz uma análise mais aprofundada, embora tal estagnação não deixe de ter um aspecto positivo, uma vez que os respectivos textos traduzem a manutenção do sistema sindical vigente.[96] A vinculação do sistema brasileiro ao corporativismo italiano reside no fato de o sindicato permanecer sob controle do Estado, exercendo funções de sua competência originária, e não como associações plenamente livres.

O contexto demonstra um amadurecimento de um grupo menor de sindicatos mais atuantes e, principalmente, das centrais sindicais. Porém permanece no Brasil o acirrado dirigismo estatal, ou seja, um Estado que patrocina a atualização das normas jurídicas trabalhistas, encaminhadas a partir do Ministério do Trabalho e do Emprego,[97] em um processo lento e burocrático. Ainda que hoje se verifiquem alguns avanços, a estrutura corporativista permanece intacta, o que trava o desenvolvimento do sindicalismo no Brasil.

1.5. Análise de direito comparado: o sindicalismo nos Estados Unidos

Para repensar a estrutura sindical brasileira, convém analisar as bases e tendências do sindicalismo no Direito Comparado, sendo que

---

[94] Disponível em: <http://www.mte.gov.br/at_sindical/painel_atualizacao.asp#>. Acesso em 24/03/2008.

[95] *Sindicatos: indicadores sociais 2001/* IBGE, Departamento de População e Indicadores Sociais. Rio de Janeiro: IBGE, 2002. p. 93

[96] Principalmente pelos requisitos exigidos para a criação de mais de uma entidade sindical na mesma base territorial, pela possibilidade de manutenção da contribuição sindical para sindicatos já existentes, pela manutenção do enquadramento sindical, entre outras.

[97] SANTOS, Enoque Ribeiro dos. *Fundamentos do direito coletivo do trabalho nos Estados Unidos da América, na União Européia, no MERCOSUL e a experiência brasileira.* p. 183.

o presente tópico aborda noções do direito sindical norte-americano, não obstante as diversas referências ao sindicalismo europeu ao longo deste trabalho.

No âmbito dos sistemas sindicais mais desenvolvidos no mundo, não cabe tratar, por exemplo, do tema "liberdade sindical", uma vez que representa um conceito universalmente aceito nos países democráticos, salvo algumas questões mais específicas. Considerando a existência de diversos possíveis paradigmas, o estudo do Direito Comparado é realizado sob dois aspectos principais: primeiro, para elucidar as bases do sistema sindical de cada país; segundo, para analisar as ações e tendências que vêm sendo realizadas na seara sindical para lidar com as mazelas decorrentes das velozes transformações sociais, econômicas e tecnológicas, que denotam uma verdadeira crise no mundo do trabalho e, por consequência, no sindicalismo.

Contudo, antes de adentrar no tema proposto, oportuno tecer alguns esclarecimentos sobre a técnica do Direito Comparado, bem como a sua forma de utilização neste trabalho.

1.5.1. Noções preliminares de direito comparado

O Direito Comparado tem fundamental relevância para o desenvolvimento da Ciência Jurídica, uma vez que oferece meios específicos para a confrontação de sistemas, institutos, normas, teorias, entre outros.[98] Assim, o estudo do direito estrangeiro não se confunde com o Direito Comparado propriamente dito, já que este significa confronto, ao passo que aquele se limita ao conhecimento do direito estrangeiro. Nas palavras de Ancel, "[...] o Direito Comparado consiste fundamentalmente na constatação dos pontos comuns e das divergências existentes em dois ou mais direitos nacionais",[99] sendo, portanto, essencialmente um processo de comparação.

No presente trabalho prepondera o estudo do direito estrangeiro, principalmente neste capítulo, enquanto matéria-prima, na expressão de Ancel,[100] para se desenvolver um trabalho de Direito Comparado. Ou seja, para a comparação é indispensável um estudo sério do direito estrangeiro, embora essa distinção sofra uma atenuação a partir da tendência consolidada de análise global do direito, e não apenas a

---

[98] JIMENÉZ SERRANO, Pablo. *Como utilizar o Direito Comparado para a elaboração de tese científica.* Rio de Janeiro: Forense, 2006. p. 01.

[99] ANCEL, Marc. *Utilidade e métodos do Direito Comparado.* Trad. Sérgio José Porto. Porto Alegre: Fabris, 1980. p. 44.

[100] ANCEL, Marc. *Utilidade e métodos do Direito Comparado*, p. 109.

justaposição de regras. De qualquer modo, embora tendo sido privilegiado o estudo do direito estrangeiro nesta pesquisa, buscou-se uma confrontação, na medida do possível, entre o dito direito estrangeiro e o direito brasileiro.

O principal fundamento justificador da utilização do Direito Comparado pode ser simplificado na máxima *"Lex multiplex, jus unun"*. Afinal, existe uma diversidade de leis, mas o Direito é uno. Comprovam tal assertiva o caráter universal da ciência, o Direito enquanto técnica de resolução dos problemas e a crescente globalização. Neste trabalho valorizou-se o Direito Comparado em razão da existência de princípios comuns que regem as relações coletivas de trabalho nas nações civilizadas e do enriquecimento recíproco que pode ser proporcionado entre os sistemas jurídicos, em busca do seu aperfeiçoamento.

Existem diversas espécies de comparação, desde a megacomposição, que é mais abrangente, pois compara sistemas jurídicos, até a microcomparação, que compara institutos jurídicos. Existe ainda a mesacomparação, vale dizer, a comparação entre ramos jurídicos, que pode ser configurada a partir da comparação do Direito Coletivo do Trabalho, caso este seja entendido como ramo autônomo. É inquietante a discussão sobre a divisão do Direito Material do Trabalho, considerando o Direito Coletivo enquanto ramo autônomo ou não. Para não estender o debate, entende-se que o Direito Coletivo é ramo do Direito do Trabalho,[101] este último dotado, sem dúvida, de autonomia legislativa, doutrinária, didática e jurisdicional, tendo como base comum a preocupação com o trabalho subordinado. De qualquer forma, o presente estudo adota como suporte a comparação de questões específicas do sindicalismo perante os diversos ordenamentos jurídicos, tais como unicidade sindical e contribuições.

Por certo, todo estudo do Direito Comparado demanda uma consideração cautelosa e uma adequação entre os sistemas analisados em virtude das diferenças existentes no tocante ao desenvolvimento político-social, econômico e moral da cada país. Isto, porém, não serve como fundamento para rechaçar a importância e utilização desse método, de modo crítico, centrado na ideia de que a comparação do direito, independentemente das diferenças existentes, busca um fundo comum. No caso do sindicalismo, é unânime a busca de melhores condições de vida para os trabalhadores, ainda que por diferentes caminhos.

---

[101] NASCIMENTO, Amauri Mascaro. *Curso de direito do trabalho*: história e teoria geral do direito do trabalho: relações individuais e coletivas do trabalho. 20. ed. rev. e atual. São Paulo: Saraiva, 2005. p. 377.

Cabe destacar ainda que permanece em debate a definição científica do Direito Comparado, isto é, se constitui uma ciência, um ramo de Direito, uma disciplina jurídica ou um método de pesquisa jurídica.[102] Pode-se defini-lo como um método, pois é possível sua utilização em qualquer ramo do direito; como método de pesquisas jurídicas, já que visam a determinados resultados; como Ciência, em razão da existência de um âmbito particular de fenômenos de que se ocupa o Direito Comparado, como a circulação de modelos e as dissociações.[103] Ancel adota esta posição, sob o fundamento de que existe a constituição de uma geografia jurídica e em virtude do reconhecimento das grandes famílias de direito, bem como em razão do resultado. O objeto do Direito Comparado, enquanto ciência, justamente seria este resultado, pois da utilização do método se constitui um conteúdo científico novo.[104]

Oportuna a conclusão de Sacco, no sentido de que cada disciplina é em parte método e em parte ciência. Não existe um único método de comparação, pelo contrário, é possível a utilização dos mais diversos métodos, sendo que existe um núcleo específico sobre o qual se ocupa o Direito Comparado.[105] Por certo tal questão enseja acirrada discussão na disciplina, entretanto não cabe aqui o aprofundamento do debate por fugir ao objetivo deste trabalho, além de não representar substancial modificação no plano prático.

Feitas as considerações preliminares acerca do estudo do Direito Comparado, torna-se possível analisar a estrutura sindical norte-americana.

1.5.2. Estrutura sindical norte-americana

A importância do estudo do sindicalismo nos Estados Unidos da América reside, principalmente, no foco adotado pelos sindicatos, que é a obtenção de resultados e benefícios no local de trabalho. O acerto em adotar tal objetivo como primeiro e mais relevante no âmbito sindical pode ser confirmado pela tendência existente no sindicalismo moderno de valorização do resultado, o que atualmente é visualizado em diversos países.

---

[102] JIMENÉZ SERRANO, Pablo. *Como utilizar o Direito Comparado para a elaboração de tese científica.* p. 05-06.

[103] SACCO, Rodolfo. *Introdução ao Direito Comparado.* Trad. Véra Jacob de Fradera. São Paulo: Revista dos Tribunais, 2001. p. 33-34.

[104] ANCEL, Marc. *Utilidade e métodos do Direito Comparado.* p. 50-51.

[105] SACCO, Rodolfo. *Introdução ao Direito Comparado.* p. 33-34.

Para tanto, foi implantando um notável procedimento de negociação coletiva, inclusive em virtude de as condições de trabalho ser regidas mais por normas coletivas do que pela legislação, ou seja, pela valorização da negociação *inter partes* em detrimento da fixação por lei dos direitos individuais dos trabalhadores. Nesse sentido: "protection of these rights, regulation of the conduct of the bargaining principals and prevention of interference with employees free choice are the basic subject matters of labor relations law".[106]

No direito norte-americano, existe uma preocupação maior com o procedimento da negociação do que com seu resultado, pois se considera que os empregados na relação coletiva estão em equilíbrio com o empregador, o que autoriza uma menor intervenção estatal nas condições substanciais da contratação.[107] A legislação buscou regulamentar os meios do sistema sindical, garantindo a eleição dos sindicatos nas unidades de negociação e a obrigatoriedade das negociações. Os fins, ou o resultado da negociação coletiva, não é, *a priori*, matéria legal.[108]

Ao falar do sindicalismo norte-americano, convém referir as principais entidades que dominaram o cenário laboral – haja vista a preferência dos trabalhadores subordinados – e que atualmente estão fundidas em uma só. Primeiro, a *American Federation of Labor – AFL –*, criada em 1886,[109] e cujo crescimento e importância na seara laboral ocorreu rapidamente. Segundo, a *Congress of Industrial Organization – CIO –*, criada com bases permanentes em 1935. Tais entidades fundiram-se em 1955, dando lugar a uma poderosa central única AFL-CIO, abrangendo estruturas sindicais verticais e horizontais, com atuação focada na assistência técnica dos sindicatos e na pressão ao Governo em prol de melhorias legislativas aos empregados.[110]

a) **Legislação**

Concorrem, no direito norte-americano, leis federais e estaduais, considerando inclusive as respectivas Constituições. Aos Estados competem matérias de direito civil e penal, ao passo que é matéria federal a regulamentação do comércio entre os Estados e o exterior, a

---

[106] Tradução livre: As questões basilares da Lei Nacional de Relações do Trabalho são a proteção destes direitos, regulação da conduta dos dirigentes da negociação e a prevenção contra a interferência na livre escolha dos empregados. *In: Labor law course.* 26. ed. Chicago: CCH, c1987. p. 514.

[107] MALLET, Estevão. *A negociação coletiva nos Estados Unidos da América. In* Direito Coletivo do Trabalho em uma Sociedade Pós-Industrial. São Paulo: LTr, 2003. p. 389.

[108] NASCIMENTO, Amauri Mascaro. *Compêndio de direito sindical.* p. 52.

[109] Embora o movimento para a formação da federação de 1881.

[110] NASCIMENTO, Amauri Mascaro. *Compêndio de direito sindical.* p. 62.

Fundamentos do Direito Coletivo do Trabalho

proteção dos direitos e as liberdades dos cidadãos (*civil rights*).[111] As relações trabalhistas nos Estados Unidos se enquadram no âmbito federal e têm como núcleo de regulamentação a *National Labor Relations Act – NLRA*,[112] decretada em 1935 pelo Congresso Norte-Americano, sem prejuízo de diversas leis federais, tais como o *Labor Management Relations (Taft-Hartley) Act*, *Labor-Management Reporting and Disclosure Act*, *Anti-Injunction Act*, *Fair Labor Standards Act*, etc.[113]

O propósito dessa regulamentação foi o de promover a paz industrial, embora pensada como importante instrumento de distribuição de riqueza. Para tanto, a mesma define e protege direitos dos empregados e empregadores, eliminando práticas prejudiciais e fomentando a negociação coletiva. Nesse contexto, como bem afirmado por Santos, "[...] o Congresso declarou que a política dos Estados Unidos da América tinha de encorajar a prática da negociação coletiva e a plena liberdade de organização dos trabalhadores".[114]

Ressalte-se que, conforme previsto na Sec. 2 [§ 152.] (3), excluem-se da regulamentação da NLRA os ferroviários, empregados públicos, trabalhadores rurais, trabalhadores domésticos, indivíduo empregado por pai, mãe ou cônjuge, seja por existir uma regulamentação diversa e específica, seja por não preencherem a condição de trabalhadores subordinados. Outro detalhe a ser observado é que a NLRA é um estatuto que busca prevenir ou remediar práticas ilícitas de trabalho, e não simplesmente punir os responsáveis. Portanto, quando sem êxito a atuação preventiva, a Junta busca desfazer os efeitos de uma prática ilícita, determinando soluções.

Por certo que, com a alteração do contexto no qual foi decretada a NLRA de 1935, novas regulamentações se fizeram necessárias, como a *Labor Management Relations Act*, que trouxe restrições aos sindicatos que já não mais poderiam ser considerados instituições frágeis. Ademais, em 1959 veio a *Labor Management Reporting and Disclosure Act*, para fins de regulação interna dos sindicatos, evitando-se abusos e corrupção nas questões internas.[115] Essas leis constituem a base das relações trabalhistas norte-americanas, apesar da criação de outras leis

---

[111] SÉROUSSI, Roland. *Introdução ao direito inglês e norte-americano*. São Paulo: Landy, 2001. p. 88.

[112] Tradução livre: Lei Nacional das Relações de Trabalho.

[113] Tradução livre, respectivamente: Lei das Relações de Trabalho; Lei de informes e divulgações nas relações de trabalho; Lei anti-injunção e Lei do justo critério de trabalho.

[114] SANTOS, Enoque Ribeiro dos. *Fundamentos do direito coletivo do trabalho nos Estados Unidos da América, na União Européia, no MERCOSUL e a experiência brasileira*. p. 19.

[115] SANTOS, Enoque Ribeiro dos. *Fundamentos do direito coletivo do trabalho nos Estados Unidos da América, na União Européia, no MERCOSUL e a experiência brasileira*. p. 22-23.

específicas[116] e da modificação, a partir da interpretação das mesmas, realizada pelo *National Labor Relations Board* – BOARD –,[117] o que será tratado adiante.

b) **Estrutura Sindical**

Para melhor compreensão da estrutura sindical norte-americana, oportuno referir os principais pontos da lei nacional trabalhista. Aliás, a primeira característica que distingue o sindicalismo norte-americano é a sua estrutura de negociação coletiva descentralizada, como regra no nível de fábrica – *plant level* –, o que permite a formulação de acordos mais abrangentes e detalhados. Assim, prevalecem sindicatos locais, por empresa, vinculados ao sindicato nacional ou internacional. O direito dos trabalhadores de se organizarem em sindicatos e realizarem negociações coletivas está previsto na seção 7 da Nlra:

RIGHTS OF EMPLOYEES

Sec. 7. [§ 157.] Employees shall have the right to self-organization, to form, join, or assist labor organizations, to bargain collectively through representatives of their own choosing, and to engage in other concerted activities for the purpose of collective bargaining or other mutual aid or protection, and shall also have the right to refrain from any or all such activities except to the extent that such right may be affected by an agreement requiring membership in a labor organization as a condition of employment as authorized in section 8(a)(3) [section 158(a)(3) of this title].[118] [119]

Assim, consolida-se o poder de negociação dos empregados, ressaltando que, quando o sindicato estiver engajado na negociação, não podem os trabalhadores, individualmente, interromper e negociar por si mesmos. O sistema norte-americano adota, portanto, a representatividade única do sindicato escolhido por eleição de todos os empregados que compõem a unidade de negociação. Não há uma data-base rígida,[120] sendo dever das partes estarem sempre dispostas

---

[116] The Employee Retirement Income Security Act; the Occupational Safety and Health Act; the Railway Labor Act; the Fair Labor Standards; Walsh-Healey and Davis-Bacon Acts; Title VII of the Civil Rights Act of 1964; Americans with Disabilities Act; the Federal Mine Safety and Health Act; and the Veterans' Preference Act; etc.

[117] Tradução livre: Junta Nacional das Relações de Trabalho.

[118] Section 7, The National Labor Relations Act. Disponível em: www.nlrb.gov. Acesso em: 11/08/2008.

[119] Tradução livre: Os empregados têm o direito de organizar-se, constituir, afiliar-se ou ajudar as organizações profissionais a negociar coletivamente através de representantes por eles mesmos selecionados, e a dedicar-se a outras atividades concertadas ao propósito de negociar coletivamente ou outro fim de ajuda ou proteção mútua, e também terão direito de abster-se de participar em qualquer ou todas ditas atividades, salvo quando tal direito seja afetado por um convenio que requeira, como condição de emprego, que seja membro de uma organização profissional consoante autoriza o artigo 8 (a)(3).

[120] Aniversário da categoria, período de revisão e renegociação das normas coletivas existentes.

Fundamentos do Direito Coletivo do Trabalho

ao diálogo, motivo pelo qual se afirma ser contínuo o processo de negociação coletiva.

Como dito, uma das bases do sindicalismo norte-americano, e também da Nlra, é a negociação coletiva, a qual é valorizada desde o artigo primeiro do referido Diploma, principalmente no que concerne aos termos e condições de emprego, salários, jornadas, bem como qualquer outro tipo de ajuda e proteção mútua.[121] A definição de negociação coletiva pode ser extraída a partir da leitura da *Section 8(d)* da Nlra:

> (d) [Obligation to bargain collectively] For the purposes of this section, to bargain collectively is the performance of the mutual obligation of the employer and the representative of the employees to meet at reasonable times and confer in good faith with respect to wages, hours, and other terms and conditions of employment, or the negotiation of an agreement or any question arising thereunder, and the execution of a written contract incorporating any agreement reached if requested by either party, but such obligation does not compel either party to agree to a proposal or require the making of a concession [...][122]

Negociar coletivamente é uma obrigação mútua a ser desempenhada pelos atores do mundo laboral, empregados e empregadores, os quais devem, com frequência, reunir-se para tratar dos termos e condições de trabalho, sempre pautados pela boa-fé. Que não se confunda o dever de negociar com a eventual concordância ou concessão por uma das partes em relação a certa proposição da outra, questão expressamente tratada no dispositivo acima colacionado.

A boa-fé significa sincera disposição para a negociação. Atrela-se a este dever a necessidade das partes prestarem informações, principalmente o empregador, que fundamentem as pretensões apresentadas. Exemplos de boa-fé na negociação são extraídos da Nlra, tais como a observância de prazos razoáveis, não se admitindo adiamentos sem justificativa; a participação efetiva e direta daqueles que detêm poderes de representação; e a proporcionalidade no acordo consoante

---

[121] NLRA – Section 1. [§ 151.] [...] It is declared to be the policy of the United States to eliminate the causes of certain substantial obstructions to the free flow of commerce and to mitigate and eliminate these obstructions when they have occurred by encouraging the practice and procedure of collective bargaining and by protecting the exercise by workers of full freedom of association, self-organization, and designation of representatives of their own choosing, for the purpose of negotiating the terms and conditions of their employment or other mutual aid or protection.

[122] Tradução livre: Para os fins deste artigo, negociar coletivamente é o cumprimento da obrigação mútua do empregador e do representante dos empregados de reunirem-se em horário razoável e de boa-fé para tratar a respeito de salários, horas e demais termos e condições de emprego, ou a respeito da negociação de um convênio, ou qualquer assunto que surja do mesmo, e a formalização de um contrato por escrito incorporando qualquer acordo alcançado, se solicitado por qualquer das partes, porém tal obrigação não vincula à nenhuma das partes a aceitar uma proposta, nem a requerer que se faça qualquer concessão.

se estende a negociação, não se admitindo uma simples recusa do empregador em modificar a proposta original após longa negociação.

Sendo positivo o resultado da negociação coletiva e formalizado o contrato por escrito (*agreement*), este não poderá ser modificado nem rescindido, salvo se o proponente notificar a outra parte com 60 dias de antecedência, período em que é obrigado a manter e cumprir todas as condições do contrato, sem recorrer à greve, além de dispor-se a reunir e negociar. Não tendo sido designada data para negociação em 30 dias da notificação, a parte deve notificar o *Federal Mediation and Conciliation Service*,[123] bem como qualquer agência de mediação ou conciliação do Estado ou Território no qual se situe a disputa.

Ainda na *Section* 8 da Nlra são formuladas algumas importantes proibições:[124] a) interferência do empregador nos direitos do empregado;[125] b) formação de *company unions*, ou sindicato patronal, conforme item (a)(1) e *Section* 7; c) desenvolvimento, por parte dos empregadores, de ações discriminatórias em virtude da atividade sindical ou em relação àqueles empregados que sirvam de testemunhas ou apresentem queixas em conformidade com a lei;[126] d) recusa da empresa em negociar com a entidade representativa.[127]

---

[123] Tradução livre: Serviço Federal de Mediação e Conciliação. Trata-se de uma agência do governo federal norte-americano que promove serviços de mediação e arbitragem para a indústria, a comunidade e agências governamentais do mundo. Sua missão é melhorar as relações de trabalho, promover a negociação coletiva e realçar a efetividade organizacional. (Disponível em:<www.fmcs.gov>. Acesso 04/04/2009).

[124] Sec. 8. [§ 158.] (a) [Unfair labor practices by employer] It shall be an unfair labor practice for an employer--

[125] (1) to interfere with, restrain, or coerce employees in the exercise of the rights guaranteed in section 7 [section 157 of this title];

[126] (3) by discrimination in regard to hire or tenure of employment or any term or condition of employment to encourage or discourage membership in any labor organization: Provided, That nothing in this Act [subchapter], or in any other statute of the United States, shall preclude an employer from making an agreement with a labor organization (not established, maintained, or assisted by any action defined in section 8(a) of this Act [in this subsection] as an unfair labor practice) to require as a condition of employment membership therein on or after the thirtieth day following the beginning of such employment or the effective date of such agreement, whichever is the later, (i) if such labor organization is the representative of the employees as provided in section 9(a) [section 159(a) of this title], in the appropriate collective-bargaining unit covered by such agreement when made, and (ii) unless following an election held as provided in section 9(e) [section 159(e) of this title] within one year preceding the effective date of such agreement, the Board shall have certified that at least a majority of the employees eligible to vote in such election have voted to rescind the authority of such labor organization to make such an agreement: Provided further, That no employer shall justify any discrimination against an employee for non-membership in a labor organization (A) if he has reasonable grounds for believing that such membership was not available to the employee on the same terms and conditions generally applicable to other members, or (B) if he has reasonable grounds for believing that membership was denied or terminated for reasons other than the failure of the employee to tender the periodic dues and the initiation fees uniformly required as a condition of acquiring or retaining membership; (4) to

Fundamentos do Direito Coletivo do Trabalho

É importante uma análise atenta à *Section* 9 da Nlra, uma vez que trata dos critérios de representatividade e da escolha de um sindicato de empregados. Os representantes dos empregados, eleitos por maioria pelos próprios pares, gozarão de exclusividade de representação na negociação coletiva dentro de uma unidade. Assim, a representação sindical dos empregados ocorre a partir de unidades apropriadas, entendidas como um grupo de empregados que compartilhem interesses e condições comuns de trabalho, cuja extensão pode se dar no âmbito de um empregador, de vários empregadores associados, de uma profissão, de uma fábrica, de um departamento, entre outros.

A estrutura sindical norte-americana é organizada mediante uma intricada rede de organizações. Na base desta organização está o chamado *local union*, de fábrica ou localidade como regra, responsável pelo contrato direto com os empregados e o empregador, bem como pela implementação das ações sindicais consoantes política definida. Conforme expressão comum, os sindicatos locais ficam na linha de fogo e são os primeiros a lidar com as contingências. Em nível superior existem *the national or international union*, bem como *the federations (AFL-CIO)*,[128] todas com grande poder, principalmente em negociações coletivas abrangendo um grande número de *local unions*.

Uma importante função dos sindicatos locais ocorre em relação a *grievance*, ou seja, queixas ou agravo sobre a interpretação do acordo coletivo, resolvida na arbitragem. Afinal, por mais detalhado que seja um contrato, sempre podem surgir incertezas quando da sua aplicação. Assim, é importante que as partes estabeleçam, na negociação coletiva, o procedimento para lidar com as queixas que podem surgir da incompletude ou ambiguidade das cláusulas do contrato, o que tem sido uma prática comum na maioria dos contratos. Por certo que, nesses casos, permanece o dever mútuo das partes, o da boa-fé e da interpretação razoável do contrato.

c) National Labor Relations Board (BOARD)

A Nlra igualmente criou a Junta Nacional de Relações do Trabalho (BOARD), a agência federal administrativa responsável pela ad-

---

discharge or otherwise discriminate against an employee because he has filed charges or given testimony under this Act [subchapter];

[127] (5) to refuse to bargain collectively with the representatives of his employees, subject to the provisions of section 9(a) [section 159(a) of this title].

[128] A AFL-CIO (Federação Americana do Trabalho e Congresso das Organizações Industriais) é uma federação voluntária composta de aproximadamente 56 sindicatos de âmbito nacional e internacional. (Disponível em:<www.aflcio.org/aboutus/> Acesso em 04/04/09.

ministração e cumprimento da lei trabalhista. É possível destacar duas principais funções do Board: promover eleições e determinar se os empregados querem ser representados por sindicatos e por qual deles (casos de representação); atuar contra as práticas ilegais de trabalho realizadas por empregadores ou sindicatos (casos de acusação).[129] A atuação do Board depende de solicitação pelo interessado, seja mediante a chamada *petition*, quando se solicitam eleições, seja por uma acusação formal (*charge*), esta para os casos de práticas ilícitas de trabalho. Para o bom desempenho das tarefas, o Board possui escritórios regionais e sub-regionais.

Não se pode deixar de referenciar o descredenciamento (*descertification*), que são eleições secretas promovidas pelo Board para determinar se os empregados, representados por sindicato, querem revogar a autoridade sindical. Esse processo tem início pela petição de ao menos trinta por cento dos empregados da empresa.

A autoridade do Board se restringe aos casos de operações ou disputas obreiras que afetem o comércio, embora a interpretação dessa limitação acabe por ampliar a atuação do diretório, em regra sendo excluída nos casos de empresas de caráter estritamente local. Também o Board acabou por delimitar seu âmbito de atuação em razão do tipo da empresa e volume de faturamento, ou seja, que haja substancial efeito ao comércio. As normas que trazem os requisitos para que a Junta exerça sua autoridade são conhecidas como *jurisdictional Standards*.[130] Quando não há atuação do Board, os casos são encaminhados para órgãos estaduais.

Entretanto, percebe-se uma tendência de alargar a atuação do Board como forma de proteção aos empregados, por haver uma demora maior nos casos levados à Justiça.[131]

Conforme a Nlra, uma organização de qualquer tipo pode representar os trabalhadores:

> (5) The term "labor organization" means any organization of any kind, or any agency or employee representation committee or plan, in which employees participate and which exists for the purpose, in whole or in part, of dealing with employers concerning grievances, labor disputes, wages, rates of pay, hours of employment, or conditions of work.[132]

---

[129] SANTOS, Enoque Ribeiro dos. *Fundamentos do direito coletivo do trabalho nos Estados Unidos da América, na União Européia, no MERCOSUL e a experiência brasileira.* p. 28-29.

[130] Tradução livre: Normas jurisdicionais.

[131] SANTOS, Enoque Ribeiro dos. *Fundamentos do direito coletivo do trabalho nos Estados Unidos da América, na União Européia, no MERCOSUL e a experiência brasileira.* p. 30.

[132] Tradução livre: O termo "organização profissional" significa qualquer organização de qualquer classe, ou qualquer agência, comitê ou plano de representação dos empregados, nos quais

Assim, a representação dos trabalhadores no sistema sindical norte-americano pode ser desempenhada por um sindicato existente, pela criação de um sindicato próprio, por qualquer empregado ou indivíduo eleito representante, conforme a escolha dos próprios empregados.[133] O Board é o órgão responsável por promover a eleição, por voto secreto, no local da prestação do serviço; por determinar a organização profissional (*labor organization*) que vai representar os empregados naquela unidade de negociação coletiva apropriada (*appropriate collective-bargaining unit*), estabelecida a partir da comunhão de interesses.[134]

A noção de unidade busca facilitar a promoção de acordos negociados, somente permitindo a união de unidades de trabalho similares, as quais, em regra, terão os mesmos anseios, simplificando o acordo.[135] De outro lado, realiza-se a separação dos trabalhos que são diferentes entre si, visto que suas necessidades e exigências são distintas e poderiam prejudicar a negociação. Cabe ao empregador e ao sindicato a fixação da unidade de negociação, porém, nos casos de controvérsia, a decisão caberá ao Board. Destaca-se a previsão dessa matéria na Seção 9 da Nlra:

> (b) [Determination of bargaining unit by Board] The Board shall decide in each case whether, in order to assure to employees the fullest freedom in exercising the rights guaranteed by this Act [subchapter], the unit appropriate for the purposes of collective bargaining shall be the employer unit, craft unit, plant unit, or subdivision thereof.[136]

Assim, existem diversos critérios para a determinação das unidades apropriadas, como a comunhão de interesses no tocante a jornadas, salário e outras condições de emprego; as pretensões dos empregados, o histórico de negociações coletivas e o nível de organização dos empregados. Ressalte-se que os critérios que influenciam a designação de uma unidade devem ser analisados em conjunto e,

---

participem os empregados e existam com a finalidade, no todo ou em parte, de tratar com os empregadores questões referentes à queixas e agravos, disputas laborais, salários, taxas de remuneração, horas ou condições de trabalho.

[133] SANTOS, Enoque Ribeiro dos. *Fundamentos do direito coletivo do trabalho nos Estados Unidos da América, na União Européia, no MERCOSUL e a experiência brasileira.* p. 77.

[134] Similaridade nos serviços, tarefas, deveres, condições de trabalho, possibilidade de conflitos entre os próprios empregados etc.

[135] No Brasil, a partir do enquadramento sindical por categorias (CLT, art. 511), a unidade de negociação é definida por lei e constitui um critério *a priori*, a partir da noção de categoria (mesma atividade ou profissão), permitindo apenas uma mitigação desta regra quando se tratar de atividades ou profissões que sejam similares ou conexas.

[136] Tradução livre: A junta decidirá cada caso se, com o propósito de assegurar aos empregados a mais completa liberdade no exercício dos direitos garantidos por esta Lei, a unidade apropriada para os fins da negociação coletiva será a unidade do empregador, da profissão (ofício), de fábrica, ou a subdivisão da mesma.

principalmente, mediante uma análise casuística dos fatores envolvidos. Na verdade todos esses critérios buscam, em última análise, verificar a real existência de interesse comum entre os empregados, enquanto critério fundamental para definição de uma unidade de negociação, já visualizando o objeto de futuras negociações coletivas.

d) **Representação e negociação**

A representatividade dos sindicatos não possui limitações, podendo estar vinculada aos empregados de uma ou de várias fábricas da empresa, de departamentos de uma empresa, de toda a empresa ou de uma rede de empresas, de profissão. A tendência que se verifica é a concentração da representatividade nas mãos de sindicatos que atuam perante diversas categorias. Embora haja liberdade de escolha sobre a atuação sindical ou não e por qual sindicato, aquela entidade que for reconhecida como representativa terá, como regra, exclusividade na representação, não podendo o empregador negociar com outros naquela unidade.

Em outras palavras, o sindicato eleito e designado como representante da maioria dos empregados da unidade torna-se o agente de negociação de todos os empregados, inclusive daqueles que preferem ser representados por outras entidades ou até mesmo não serem representados por sindicatos.

A negociação coletiva nos Estados Unidos pode envolver unidades múltiplas de empregadores (*multiemployer bargaining unit*), quando estes se reúnem, em uma mesma indústria, e negociam com o sindicato ou grupo de sindicatos que representam os respectivos trabalhadores. O sindicato, porém, pode deixar de negociar com o grupo e fazê-lo individualmente com o empregador, desde que haja concordância deste e dos demais que compõem o grupo. O mesmo pode dar-se até sem o consentimento patronal, desde que estes sejam notificados e não tenha sido iniciada a negociação de um novo contrato. Mas deve haver cuidado nessas questões, tanto que se proíbe uma greve contra um empregador que negocie como membro de um grupo de empregadores para forçá-lo à negociação individual.[137]

Os exemplos mais comuns, nestes casos, são as indústrias de transporte, aço e construção.[138] O sindicato escolhido para representar os trabalhadores em uma negociação é denominado de representante

---

[137] Conforme interpretação conferida ao art. 8 (b)(3) da NLRA.

[138] SANTOS, Enoque Ribeiro dos. *Fundamentos do direito coletivo do trabalho nos Estados Unidos da América, na União Européia, no MERCOSUL e a experiência brasileira*. p. 35.

sindical, após a devida eleição sindical conduzida pelo Board, por óbvio considerando que pelo menos 30% dos empregados sejam a favor da sindicalização naquela unidade.

Em uma grande unidade de negociação (*bargaining unit*), a formação de um comitê com os sindicatos dos trabalhadores mais representativos é uma forma eficaz de manter contratos coletivos que abranjam a gama de trabalhadores de uma grande corporação e com os mesmos prazos de vencimento. Desde a origem do sindicalismo, jamais se duvidou de que o poder dos trabalhadores está diretamente relacionado com a capacidade de unirem-se, motivo pelo qual esta coalizão permitida no sindicalismo norte-americano reflete uma maior paridade e efetividade nas negociações.

O início da representação se dá com petição para o Board, visando ao reconhecimento de um sindicato ou de uma unidade de negociação. Uma petição para a certificação de um representante pode ser firmada por empregado individual ou por um grupo de empregados, por qualquer indivíduo ou organização obreira em nome dos empregados, e até mesmo pelo empregador. Cabe ao órgão regional do Board investigar os dados necessários à decisão; no caso de não haver consenso quanto ao representante, é designada uma audiência. Contudo, tal audiência é dispensada se houver acordo das partes para a realização da eleição, sendo que o voto não é obrigatório para os empregados. A vitória de determinado sindicato ao final da eleição gera o respectivo certificado de representação, sendo aquele sindicato o legítimo representante – representante sindical – de todos os trabalhadores daquela unidade de negociação.

Essa representação certificada será exercida com exclusividade pela entidade sindical por pelo menos um ano,[139] sendo considerada como ilegal a negociação do empregador com empregados individual-

---

[139] NLRA, Section 9 – (e) [Secret ballot; limitation of elections] (1) Upon the filing with the Board, by 30 per centum or more of the employees in a bargaining unit covered by an agreement between their employer and labor organization made pursuant to section 8(a)(3) [section 158(a)(3) of this title], of a petition alleging they desire that such authorization be rescinded, the Board shall take a secret ballot of the employees in such unit and certify the results thereof to such labor organization and to the employer. (2) No election shall be conducted pursuant to this subsection in any bargaining unit or any subdivision within which, in the preceding twelve- month period, a valid election shall have been held.

Tradução livre: (e) (1) Ao ser firmada uma petição perante a Junta, por 30% ou mais dos empregados em uma unidade contratante coberta por um convênio entre seu empregador e uma organização profissional criada conforme o artigo 8(a)(3), alegando que eles desejam que tal autoridade seja rescindida, a Junta celebrará uma eleição por voto secreto entre os empregados daquela unidade e certificará os resultados da mesma à organização profissional e ao empregador. (2) Não se celebrará nenhuma eleição de acordo com este artigo em uma unidade contratante ou qualquer subdivisão na qual tenha sido celebrada uma eleição válida nos doze meses anteriores.

mente ou com outro representante. O representante, por ser exclusivo, possui o dever de atuar de forma igualitária entre os empregados representados, sejam filiados ou não ao sindicato. Conforme bem enumera Santos, são benefícios decorrentes da certificação a obrigação do empregador de negociar com o sindicato certificado; a realização de greve pelo representante sindical; a proibição de sindicatos rivais peticionarem por eleição no primeiro ano, mesmo na ausência de um contrato coletivo; no caso de existir um contrato no primeiro ano da certificação, estão barradas as petições do sindicato rival pelo período do contrato (máximo de 03 anos).[140] Existe ainda a possibilidade de um sindicato e um empregador concordarem em reconhecer o primeiro como representante sindical, sem a intervenção do Board, porém sem a barreira de doze meses.

No tocante ao dever de negociar com boa-fé, existem assuntos que são tidos como obrigatórios em uma negociação, vale dizer, o salário, a jornada e outras condições de emprego. Isso não significa a exclusão de outros assuntos na negociação, como abonos, seguros e antiguidade, nem mesmo permite que as partes se recusem a negociar esses assuntos, não obrigatórios. Em todas as questões levantadas persiste a obrigação das partes envolvidas de negociá-las com boa-fé, embora os assuntos tidos como não obrigatórios possam vir a não integrar um contrato. Reitere-se que se trata de obrigação das partes e, portanto, também imposta ao sindicato de trabalhadores, e não apenas ao empregador.

Assim, qualquer assunto de interesse das partes pode ser objeto da negociação, o que significa a existência de uma variedade infinita de questões que podem ser tratadas em uma negociação coletiva. De tudo, ressalte-se a ampla liberdade de negociação e contratos coletivos no sistema norte-americano, podendo ser por profissão, indústria, local, regional, nacional, com um ou diversos empregadores, enfim, de acordo com a realidade e as necessidades dos trabalhadores. É comum, por exemplo, a combinação de acordo nacional (principal) e de acordo local no nível de fábrica. O primeiro para tratar de questões em que é importante uma padronização em nível nacional, como piso salarial, férias e feriados, condições de trabalho gerais, entre outras; já o segundo é voltado para questões específicas de determinado centro de trabalho.

De outro lado, existe o descredenciamento do sindicato (*descertification*), cujo nome já declara seu intuito, qual seja, o reconhecimento

---

[140] SANTOS, Enoque Ribeiro dos. *Fundamentos do direito coletivo do trabalho nos Estados Unidos da América, na União Européia, no MERCOSUL e a experiência brasileira*. p. 44.

da contrariedade dos trabalhadores acerca da representação sindical. Na petição de descredenciamento, será solicitada uma eleição para decidir a manutenção ou não do representante sindical certificado pelo Board, ou reconhecido voluntariamente pelo empregador. As condições exigidas são as mesmas do processo de certificação, com a restrição de que somente é a unidade coberta pela certificação que pode promover o descredenciamento. Ao empregador é vedado formular tal pedido, assim como estimular que os trabalhadores o façam, mas existe a possibilidade de o empregador formular pedido de descredenciamento em situações específicas nas quais, mediante considerações objetivas, demonstre-se haver razoável dúvida quanto à condição de maioria pelo sindicato.[141]

Por fim, reiteram-se as limitações para o descredenciamento da representação sindical, vale dizer, o certificado conferido a um sindicato deve ser respeitado pelo período de um ano, prazo que pode ser estendido até três anos, no caso de estar sendo executado um contrato válido. Observe-se que o prazo de três anos não representa um limite temporal de vigência dos contratos coletivos, os quais podem ser pactuados por qualquer prazo ou até mesmo a prazo indeterminado, mas limita apenas o efeito de impedir a realização de eleições por terceiros. A vigência de um contrato coletivo impedirá uma eleição, desde que observadas as denominadas regras de obstáculos de contratos. Assim, existem contratos que não têm o condão de impedir uma eleição, como, por exemplo, quando o contrato não esteja escrito ou assinado; quando a unidade contratante não seja apropriada; quando o contrato não contenha as condições substanciais de empre-

---

[141] NLRA Section 9 – (c) [Hearings on questions affecting commerce; rules and regulations] (1) Whenever a petition shall have been filed, in accordance with such regulations as may be prescribed by the Board – [...] (B) by an employer, alleging that one or more individuals or labor organizations have presented to him a claim to be recognized as the representative defined in section 9(a) [subsection (a) of this section]; the Board shall investigate such petition and if it has reasonable cause to believe that a question of representation affecting commerce exists shall provide for an appropriate hearing upon due notice. Such hearing may be conducted by an officer or employee of the regional office, who shall not make any recommendations with respect thereto. If the Board finds upon the record of such hearing that such a question of representation exists, it shall direct an election by secret ballot and shall certify the results thereof.

Tradução livre: (c) (1) Quando uma petição tenha sido firmada de acordo com os regramentos que a Junta pode prescrever [...] (B) por um empregador alegando que um ou mais indivíduos ou organizações profissionais tenha(m) apresentado uma reclamação para que o(s) reconheça como representante, assim definido no artigo 9(a); a Junta investigará tal petição e, se tenha motivo razoável para crer que existe uma questão de representação que afete o comércio, disporá o necessário para a celebração de uma adequada audiência após a devida notificação. Dita audiência poderá ser presidida por um funcionário ou empregado da oficina regional, o qual não fará nenhuma recomendação a respeito da mesma. Se desta audiência a Junta concluir que existe uma questão de representação, ordenará que se celebre uma eleição por escrutínio secreto e certificará os resultados da mesma.

go, suficientes para estabilizar a negociação; quando o contrato possa ser extinto por qualquer das partes, a qualquer tempo e por qualquer motivo; quando o contrato possuir uma cláusula de segurança sindical (*union-security clause*) visivelmente ilegal; quando o sindicato que realizou o contrato não mais exista, não possa ou não deseje mais representar aqueles empregados; quando o contrato discrimine os empregados ou cubra apenas os trabalhadores sindicalizados. Existe, todavia, uma ressalva que enseja a realização de eleições na vigência de contrato, deflagrada na hipótese de ocorrer a modificação substancial das operações do empregador em relação ao período em que se firmou o contrato.

e) Fontes de receita

São diversas as fontes de receita das entidades sindicais, tais como mensalidade (principal fonte), taxa de matrícula, contribuições especiais e taxa de reintegração. Como regra, as contribuições para o sindicato, deduzidas mensalmente do salário dos empregados, são estipuladas mediante negociação entre trabalhadores e sindicatos. Ademais, a contribuição do empregado somente é feita mediante sua autorização por escrito ao empregador para a dedução da quantia negociada diretamente do salário. A autorização pode ser irrevogável por, no máximo, um ano, ou conforme o prazo estipulado no contrato coletivo. Em suma, a contribuição sindical é negociada entre sindicato e empregados, bem como o respectivo desconto do salário pelo empregador, além da necessária autorização individual por escrito, sem a ingerência estatal. Esse sistema acaba por facilitar a operação, diminuindo os dispêndios decorrentes dos procedimentos para a cobrança das contribuições pelo sindicato.

Resta autorizado pela Nlra o *union-security agreement*, ou seja, a pactuação de que os empregados façam determinados pagamentos para o sindicato como condição para conservar seus empregos. Isso não significa que possa haver uma obrigação de que o empregado seja membro de um sindicato ou tenha que se filiar para manter o emprego. Assim, dos empregados que não são sindicalizados somente será exigível o pagamento da sua quota dos custos do sindicato vinculados às atividades de representação, como, por exemplo, a negociação coletiva, a execução do contrato e o processamento das reclamações.

Não se permite que os valores das quotas sejam excessivos ou discriminatórios. A *Section 8(b)(5)* da Nrla justamente vem a coibir quotas excessivas ou discriminatórias.[142] Por exemplo, não se admite cobrar de empregados antigos, que não se filiaram ao sindicato mesmo após um contrato, uma cota de admissão três vezes maior do que aquela que se cobra aos empregados novos. Ou ainda cobrar uma cota de admissão excessivamente superior às cotas cobradas pelos sindicatos da mesma área. E o item seguinte proíbe um sindicato de cobrar do patrono qualquer valor, a título de exação, por serviços que não são prestados ou não podem ser prestados.[143]

Mesmo quando um contrato está em execução, é possível a realização de uma eleição denominada de desautorização, a qual visa revogar a cláusula do acordo que garanta a filiação ou o pagamento de contribuição do empregado ao sindicato (*union secutiry clause*) como requisito para continuar no emprego.[144] Assim, o primeiro requisito para essa eleição é a vigência de um contrato, decorrente de negociação coletiva, o qual contenha cláusula de garantia legal, sendo os demais requisitos aqueles comuns ao processo de descredenciamento. Não cabe ainda a realização de mais de uma eleição de desautorização no período de um ano. Sobre as cláusulas de garantia sindical, cabe considerar as disposições da seção 8 da Nlra:

Sec. 8. [§ 158.] (a) [Unfair labor practices by employer] It shall be an unfair labor practice for an employer—

[...]

(3) by discrimination in regard to hire or tenure of employment or any term or condition of employment to encourage or discourage membership in any labor organization: Provided, That nothing in this Act [subchapter], or in any other statute of the United States, *shall preclude an employer from making an agreement with a labor organization*

---

[142] (5) to require of employees covered by an agreement authorized under subsection (a)(3) [of this section] the payment, as a condition precedent to becoming a member of such organization, of a fee in an amount which the Board finds excessive or discriminatory under all the circumstances. In making such a finding, the Board shall consider, among other relevant factors, the practices and customs of labor organizations in the particular industry, and the wages currently paid to the employees affected;

[143] (6) to cause or attempt to cause an employer to pay or deliver or agree to pay or deliver any money or other thing of value, in the nature of an exaction, for services which are not performed or not to be performed;

Tradução livre: (5) requerer dos empregados cobertos por um acordo autorizado pela subseção (a)(3) o pagamento, como condição prévia para converter-se membro de tal organização, de uma cota cujo montante a Junta considere excessivo ou discriminatório diante das circunstâncias. Para chegar a tal determinação, a Junta considerará, dentre outros fatores pertinentes, as práticas e costumes das organizações profissionais na indústria em questão, e os salários atuais pagos aos empregados afetados;

(6) causar ou tentar causar que um empregador pague ou entregue ou convenha pagar ou entregar qualquer dinheiro ou outra coisa de valor, com caráter de exação, por serviços que não são prestados ou nem serão prestados.

[144] SANTOS, Enoque Ribeiro dos. *Fundamentos do direito coletivo do trabalho nos Estados Unidos da América, na União Europeia, no MERCOSUL e a experiência brasileira.* p. 58-59.

(not established, maintained, or assisted by any action defined in section 8(a) of this Act [in this subsection] as an unfair labor practice) *to require as a condition of employment membership therein on or after the thirtieth day following the beginning of such employment or the effective date of such agreement*, whichever is the later, (i) if such labor organization is the representative of the employees as provided in section 9(a) [section 159(a) of this title], in the appropriate collective-bargaining unit covered by such agreement when made, and (ii) unless following an election held as provided in section 9(e) [section 159 *(e) of this title] within one year preceding the effective date of such agreement, the Board shall have certified that at least a majority of the employees eligible to vote in such election have voted to rescind the authority of such labor organization to make such an agreement*: Provided further, That no employer shall justify any discrimination against an employee for non-membership in a labor organization (A) if he has reasonable grounds for believing that such membership was not available to the employee on the same terms and conditions generally applicable to other members, or (B) if he has reasonable grounds for believing that membership was denied or terminated for reasons other than the failure of the employee to tender the periodic dues and the initiation fees uniformly required as a condition of acquiring or retaining membership;[145]

f) Greve

É consagrado o direito de greve pela lei trabalhista norte-americana, a partir da *Section 14(b)* e Section 7 da Nlra, embora determinados requisitos e limitações devam ser observados. A legalidade de uma greve está fortemente vinculada ao seu propósito, o que será analisado pelo Board. Como regra, a greve estará pautada em concessões econômicas (melhores condições de emprego), ou em virtude de uma

---

[145] Tradução livre: 8. (a) Será considerada prática ilícita de trabalho para um empregador – (3) encorajar ou desencorajar a condição de membro de qualquer organização profissional mediante discriminação em relação ao emprego ou tendência de emprego, ou qualquer termo ou condição de emprego. Determinando-se, que nenhum conteúdo desta Lei ou de qualquer outro estatuto dos Estados Unidos impedirá um empregador a estabelecer um convênio com uma organização profissional (que não esteja estabelecida, mantida ou ajudada por algum ato definido no artigo 8(a) desta Lei como prática ilícita de trabalho) para exigir, como condição de emprego, o ingresso na mesma no início ou após o trigésimo dia seguinte ao início do emprego ou da data de efetividade do referido convênio ou datas posteriores (i) se dita organização profissional, segundo dispõe o artigo 9(a), é a representante dos empregados na unidade apropriada para a negociação coletiva coberta pelo referido convênio quando este for celebrado, e (ii) a menos que após uma eleição celebrada conforme o art. 9(e) dentro de um ano anterior a data de efetividade do dito convênio, a Junta tenha certificado que por menos da maioria dos empregados capazes de votar em tal eleição tenham votado para rescindir a autoridade da organização profissional para celebrar dito convênio. Determinando-se, ainda, que nenhum empregador justificará alguma discriminação contra empregado em razão do mesmo ser membro de uma organização profissional (A) se tem razão suficiente para crer que o ingresso na referida organização não estava disponível para o empregado nos mesmos termos e condições geralmente aplicáveis a outros membros, ou (B) se haja razão suficiente parar crer que a condição de membro foi negada ou extinta por outros motivos que não a inadimplência pelo empregado das cotas periódicas ou de ingresso uniformemente exigidas como requisito para obter ou reter a condição de membro da organização profissional;

Fundamentos do Direito Coletivo do Trabalho

prática ilícita de trabalho. Ressalte-se que, durante a vigência de um contrato, é vedada a realização de greve com base na primeira hipótese supra, desde que tal proibição esteja prevista no referido contrato.

Da mesma forma é rechaçada toda e qualquer má conduta dos grevistas, o que lhes retira o direito de reintegração ao emprego. São exemplos de má conduta o uso de violência ou ameaça de violência e o bloqueio daqueles que desejam entrar ou sair da empresa.[146] As mesmas regras e limitações se aplicam aos piquetes, que significam a reunião de grevistas fora do local de trabalho em busca da participação ou apoio de outras pessoas.

g) Práticas ilícitas de trabalho

As práticas ilícitas de trabalho se encontram na *Section 8* da Nlra, sejam elas realizadas por patronos, empregados ou sindicatos. São exemplos de práticas ilícitas cometidas pelo empregador: ameaçar despedir empregados, ou conceder benefícios para votar ou integrar um sindicato; ameaçar fechar uma fábrica se constituído um sindicato na mesma; interrogar empregados sobre suas atividades sindicais ou sua condição de filiado em circunstância que denotam restrição ou coação aos mesmos; intervir no sindicato, como a concessão de ajuda financeira; despedir um empregado por incentivar outros empregados a ingressarem em um sindicato; anunciar um aumento de salário sem ter consultado o representante dos empregados.

De outro lado, são exemplos de práticas ilícitas pelo sindicato: ameaçar os empregados de que perderão seus empregos caso não apoiem as atividades sindicais; firmar contrato com o empregador que reconheça o sindicato como representante exclusivo de negociação quando este não tenha sido selecionado pela maioria dos empregados da unidade; promover atos de violência em greves e piquetes; ameaçar empregados que não participem de uma greve; ou ainda fazer com que um empregador dispense empregados por estes se terem pronunciado contra um contrato proposto.

---

[146] No Brasil, a Lei de Greve no setor privado (Lei nº 7.783/89) veda condutas como às referidas acima, consoante disposto no art. 6º do referido Diploma, *in verbis*: "Art. 6º São assegurados aos grevistas, dentre outros direitos: I – o emprego de meios pacíficos tendentes a persuadir ou aliciar os trabalhadores a aderirem à greve; II – a arrecadação de fundos e a livre divulgação do movimento. § 1º Em nenhuma hipótese, os meios adotados por empregados e empregadores poderão violar ou constranger os direitos e garantias fundamentais de outrem. § 2º É vedado às empresas adotar meios para constranger o empregado ao comparecimento ao trabalho, bem como capazes de frustrar a divulgação do movimento. § 3º As manifestações e atos de persuasão utilizados pelos grevistas não poderão impedir o acesso ao trabalho nem causar ameaça ou dano à propriedade ou pessoa".

Além da via administrativa do Board, e muitas vezes contra os atos deste, é utilizado um instrumento jurídico que são as injunções de trabalho, cujo intuito é obter uma ordem judicial para fazer ou não fazer determinada ação. A ordem pode ser temporária, através do *temporary restraining order*; ou permanente, após a realização de audiência e uma análise completa do mérito. A Nlra prevê situações nas quais é possível injunções enquanto está pendente de decisão pelo Board uma queixa de prática ilícita de trabalho.[147]

Entretanto, a injunção é uma prática controvertida em face das leis trabalhistas sob o ponto da vista da ingerência dos tribunais no campo das relações coletivas de trabalho.[148] As injunções são decididas por juiz singular (na denominada *equity court)*, sendo uma medida basicamente preventiva; em contraste, a Corte de julgamento (*trial court)* discutirá uma eventual reparação dos prejuízos materializados.[149]

---

[147] NLRA, *Section* 10(l)(j) etc.

[148] A Suprema Corte Americana confirmou a constitucionalidade das injunções de trabalho.

[149] SANTOS, Enoque Ribeiro dos. *Fundamentos do direito coletivo do trabalho nos Estados Unidos da América, na União Européia, no MERCOSUL e a experiência brasileira.* Rio de Janeiro: Lúmen Júris, 2005. p. 09-14.

2. O paradigma da estrutura sindical brasileira

Se muda a realidade social, o direito deve renovar-se.[150]

Inicialmente, justifica-se o uso da palavra "paradigma", que, na língua portuguesa, está vinculada à noção de modelo ou padrão. Neste trabalho, tal nomenclatura deve ser entendida como uma visão ideal – um modelo – do sindicato e da estrutura sindical brasileira, de forma a atender aos anseios sociais e adequar-se às constantes transformações, evitando o seu perecimento no tempo ou a estagnação. O cenário de hoje é desafiador, sendo certo que a sua alteração permitirá uma rápida e constante renovação das normas trabalhistas por negociação coletiva.

Governo e empresas enfrentam e buscam a pacificação social e outras soluções no contexto globalizado. Ressalte-se que ao se referir à globalização não se quer fazer referência a eventos taxativos ou discutir nomenclaturas, mas analisar uma realidade que traduz a aproximação dos povos e Estados, a velocidade da informação, o desenvolvimento tecnológico e a era do conhecimento. Diversos fatores ocorreram, e ainda ocorrem, gerando inúmeras transformações, o que dificulta a compreensão de um fenômeno que acaba por exigir, cada vez mais, a união das ciências para melhor compreender o todo, o mundo. Portanto, não se busca analisar causas ou fundamentos, mas encarar um fenômeno que é real e não pode ser desconsiderado.

O mundo se achatou, o que não se deu de uma hora para outra. Primeiro, assistiu-se à globalização de países, seguida pela globalização das empresas, ambas encolhendo o tamanho do mundo. Mas a transformação não se limita a isso, há uma terceira onda na qual os próprios indivíduos passam a colaborar e concorrer no âmbito mundial, situação que definitivamente tornou o mundo plano, bem como permitiu que países em desenvolvimento participassem desse fenômeno que não está restrito aos Estados Unidos e Europa. Todos são

---

[150] ROMITA, *op. cit.*, p. 40.

Fundamentos do Direito Coletivo do Trabalho

vizinhos de porta em escala planetária.[151] Pessoas de todos os cantos do planeta, e cada vez mais de grupos diversificados, estão adquirindo poder e conhecimento. Estão conectadas, revelando novas perspectivas em todos os níveis. Todos passam a ter acesso a novas ferramentas tecnológicas. Assim, estruturas verticais tornam-se horizontais, mais colaborativas, em um mundo pautado pela digitalização e automação, bem como por padrões de produtividade até então nunca vistos.[152]

Como decorrência a sociedade se torna, a cada dia, mais complexa. Aumentam-se as especialidades de cada área do conhecimento, surgem novas funções, especialidades, a todo momento sendo criados e recriados elementos com base no próprio sistema (e microssistemas) e de acordo com a linguagem própria de cada área do conhecimento. Nesse contexto, surge o direito moderno um desafio: como definir os valores da sociedade e os padrões de conduta, diante de tanta diversidade e complexidade.

Apenas para elucidar as afirmações acima, pode-se trabalhar com o exemplo do direito. A doutrina clássica faz uma nítida separação entre o direito público e o direito privado: o primeiro para regular as relações com o Estado; o segundo para regular as relações entre particulares. Tal separação é de difícil argumentação na atualidade, pois ambos os conceitos se confundem, por isso os fenômenos da constitucionalização do direito privado ou da privatização do direito público. O próprio direito do trabalho, é ramo de direito público ou privado? É uma relação entre particulares (empregado e empregador), porém com acirrada intervenção estatal a partir do desequilíbrio, *a priori*, que existe nesta relação. A mesma indagação se pode fazer a diversos ramos especializados, como direito do consumidor, entre outros.

Ao mesmo tempo em que se exige essa especialidade, exige-se o conhecimento multidisciplinar, a compreensão do todo, inclusive pela ampliação do acesso à informação. Não se pode alegar o desconhecimento por falta de informação, sendo que não se fala mais em acesso à informação, mas na qualidade da informação. Tudo isso demonstra a complexidade vivenciada, e que tem de ser considerada para que sejam definidos os rumos do direito e, especificamente, os rumos do direito do trabalho.

Nesse contexto, o trabalho acaba sendo fortemente influenciado, até porque é um dos elementos mais importantes, senão o mais importante, dessas transformações. Um empregador pode ter empregados

---

[151] FRIEDMAN, Thomas. *O mundo é plano:* uma breve história do século XXI. Trad. Cristina Serra e S. Duarte. Rio de Janeiro: Objetiva, 2005. p.19.

[152] FRIEDMAN, Thomas. *O mundo é plano:* uma breve história do século XXI. p. 57-58.

sob seu comando em qualquer lugar do planeta, com interface imediata. O empregado não precisa ir até a empresa, pode desenvolver seu labor em casa ou em qualquer outro espaço. Não há lugar para manter um conflito permanente entre trabalhador e empregador; pelo contrário, o primeiro cada vez mais adquire um papel de colaborador. O sindicalismo perde espaço e força, o que demanda uma modificação na sua estrutura e atuação, pois as tarefas são realizadas em equipe pelos trabalhadores, acirrando uma competição individual em detrimento da solidariedade, bem como se horizontaliza a produção e flexibiliza a mão de obra, dificultando a aglomeração de trabalhadores.[153]

Não se está apregoando que a realidade seja ou não benéfica, até porque ela é simplesmente diferente. Talvez melhor, talvez pior. Ela apresenta aspectos positivos e negativos, entre estes a concorrência acirrada, o desemprego estrutural, a ditadura do economicamente mais forte. Todos estes são fatores que devem ser sopesados quando da análise do sindicalismo e da proteção ao trabalhador atualmente. Afinal, qual a utilidade dos sindicatos no Brasil, enraizados no modelo corporativista que nos assola, frente aos novos parâmetros sociais?

Apesar das incertezas, não resta dúvida de que o modelo de sociedade que serviu de referência ao movimento sindical foi completa e profundamente alterado. Como dito, a alteração pode ser vista no incremento do terceiro setor, no aumento de intercâmbios, na diversidade de qualificações e especialização do trabalho, no constante surgimento de novas formas de comunicação, no aumento do desemprego e da individualização, e na inoperância do Estado em importantes questões sociais. Atualmente, vivencia-se a certeza de que as relações de trabalho não se adstringem a grandes grupos de trabalhadores homogêneos e identificados, estes cada vez mais constituem uma exceção, ao passo que as premissas da organização sindical no Brasil permanecem pautadas nesses elementos.

Por isso a necessidade de reformulação da estrutura sindical pátria, nesta considerando como pilares a alteração dos critérios da unicidade, do enquadramento sindical e das contribuições sindicais, o que não significa desprezo por uma série de outras questões importantes que deveriam ser revistas. Porém, como dita aqui, estes temas servem como um necessário ponto de partida para a transformação do sindicalismo brasileiro.

---

[153] VIDOTTI, Tárcio José; BENTO, José Gonçalves. *O impacto do toyotismo na estrutura sindical. In* Direito Coletivo do Trabalho em uma Sociedade Pós-Industrial. São Paulo: LTr, 2003. p. 107-108.

O sindicalismo no Brasil encontra-se estagnado, sob a égide de normas inspiradas no modelo corporativista do fascismo italiano,[154] o que representa um verdadeiro contrassenso para um Estado Democrático, uma violação ao art. 1º da Constituição Federal de 1988, o qual adota como fundamentos da sociedade brasileira a cidadania, a dignidade da pessoa humana e os valores sociais do trabalho e da livre iniciativa, entre outros.

Corroboram-se as palavras de Manglano: "Ciertamente, un Estado Social sin organizaciones sindicales libres resulta inconcebible".[155] No caso brasileiro, a estrutura sindical vigente não se encaixa nos parâmetros estatais modernos, de um Estado cooperativo, negocial e que privilegia o princípio participativo. A partir disso, poderia se sustentar o verdadeiro choque entre os fundamentos do Estado Constitucional (art. 1º da CF/7 1988) e as normas constitucionais que regem a estrutura sindical (art. 8º da CF/88), o que não se aprofunda neste momento para não desviar o foco deste estudo.

A tão esperada reforma sindical ainda não aconteceu. A realidade é que o sindicalismo brasileiro está na contramão das tendências sindicais no mundo, face à manutenção de um sistema que não traduz um ambiente de liberdade sindical plena, de pluralidade, de garantias a negociação, entre outros aspectos. Nesse sentido, Nascimento refere:

> A organização sindical brasileira não acompanha as transformações do movimento sindical no mundo. Concentra-se na representação sindical por categoria. Os demais sistemas sindicais já se afastaram do padrão de categoria ontológica [...].[156]

A modificação do paradigma da estrutura sindical brasileira, revendo as questões e vícios acima referidos, representa uma preliminar necessária para que os sindicatos brasileiros tenham a atuação e importância que o sindicato moderno possui no mundo, diante de tantas transformações. Para melhor compreensão da matéria, passa-se a fazer uma análise por tópicos das principais modificações necessárias.

---

[154] O modelo sindical brasileiro denota inspiração do sistema fascista italiano e da *Carta del Lavoro*, cuja política imposta por Getúlio Vargas, através das iniciativas e controle do Estado, apaziguavam os trabalhadores mediante concessões de um Estado paternalista, que acabava por afastar os benefícios advindos da negociação entre empregados e empregadores. Esse sistema corporativista é perceptível a partir da estipulação da contribuição sindical compulsória, da unicidade sindical, do Poder Normativo da Justiça do Trabalho e da proibição de greves. Registre-se que tal afirmativa é majoritária na doutrina trabalhista, embora existam defensores de que o sindicalismo nacional seja inspirado no modelo comunista da antiga União Soviética, em razão dos criadores da Consolidação das Leis do Trabalho, de 1943, terem ideais distantes do fascismo.

[155] MANGLANO, Carlos Molero. *Derecho Sindical*. p. 40.

[156] NASCIMENTO, Amauri Mascaro. *Compêndio de direito sindical*. p. 179.

2.1. Constituição do sindicato

No tocante ao registro e à criação de entes sindicais, deve ser resguardada a liberdade constitutiva do sindicato, ou seja, permitindo a qualquer trabalhador, em conjunto com seus colegas de trabalho, criar um sindicato de trabalhadores. Quando se fala em criação, isso não se restringe ao registro enquanto associação privada, mas abrange o reconhecimento da personalidade sindical.

No Brasil, existe uma limitação da liberdade constitutiva a partir do critério de unicidade sindical, previsto no art. $8°$, inciso II, da Constituição. Dito critério veda a criação de mais de uma organização sindical, em qualquer grau, representativa da categoria profissional ou econômica, na mesma base territorial, não podendo esta ser inferior a área de um Município.

O sindicato deve ser um órgão com natureza jurídica própria e específica. Pode ser considerado como uma espécie de associação privada, porém sem necessitar de outro registro para ter capacidade de atuação. Em outras palavras, é descabido o sistema brasileiro de impor ao sindicato dois registros: um para adquirir personalidade jurídica perante o Cartório de Registro; e outro perante o Ministério do Trabalho, para reconhecer tal associação como uma entidade sindical, normalmente referenciada como "personalidade sindical".

Na Espanha, o órgão conhecido como sindicato tornou-se uma figura típica, com natureza jurídica própria, mediante a concessão de personalidade jurídica e capacidade de operar a um grupo de trabalhadores que se disponham a criação do mesmo. Assim, tal personalidade e plena capacidade[157] ocorrem de modo automático após vinte dias de efetuado o depósito na devida *Oficina Publica*, conforme previsto no artigo 4.7 da *Ley Organica de Libertad Sindical – LOLS*.[158] E qualquer irregularidade na criação de um sindicato, principalmente no tocante aos seus estatutos, como, por exemplo, na existência de

---

[157] LOLS, Artículo 2 [...] 2. Las organizaciones sindicales en el ejercicio de la libertad sindical, tienen derecho a: a) Redactar sus estatutos y reglamento, organizar su administración interna y sus actividades y formular su programa de acción. b) Constituir federaciones, confederaciones y organizaciones internacionales, así como afiliarse a ellas y retirarse de las mismas. c) No ser suspendidas ni disueltas sino mediante resolución firme de la autoridad judicial, fundada en incumplimiento grave de las leyes. d) El ejercicio de la actividad sindical en la empresa o fuera de ella, que comprenderá, en todo caso, el derecho a la negociación colectiva, al ejercicio del derecho de huelga, al planteamiento de conflictos individuales y colectivos y a la presentación de candidaturas para la elección de comités de empresa y delegados de personal, y de los correspondientes órganos de las administraciones públicas, en los términos previstos en las normas correspondientes.

[158] Ley Organica 11/1985, de 2 de agosto, de libertad sindical

Fundamentos do Direito Coletivo do Trabalho

normas não democráticas, pode ser impugnada judicialmente pelo órgão fiscalizador ou por qualquer interessado.[159]

No Brasil, é necessária a desburocratização e maior liberdade do procedimento para a criação de sindicatos, de modo que exista apenas o primeiro registro. A lei deve determinar um registro específico, conforme a natureza jurídica própria e distinta que possuem os entes sindicais, sendo que, a partir desse registro, o órgão já estará autorizado a funcionar. Por óbvio que o poder de atuação concedido é abstrato, pois a atuação em concreto vai depender de eleição perante determinada unidade coletiva, a qual deverá reconhecê-lo como o mais representativo naquele âmbito de atuação.

Critério similar é adotado na legislação sindical argentina, na qual existe um registro comum para associações sindicais, com âmbito de atuação limitado, porém ela reserva a chamada *personería gremial* aos sindicatos tidos como mais representativos no âmbito territorial, com maior capacidade jurídica de representação e atuação. Entre estas, destaca-se a capacidade para defender e representar os interesses individuais e coletivos dos trabalhadores ante o Estado e os empregadores.

A forma de constituição proposta atende ao disposto no artigo sétimo da Convenção 87 da OIT.[160] Aliás, a não ratificação da referida Convenção pelo Brasil demonstra que o mesmo está na contramão das tendências sindicais no mundo. Por exemplo, no sindicalismo espanhol os convênios internacionais, no âmbito das relações coletivas de trabalho, uma vez ratificados e publicados têm valor de norma interna. E, assim como no Brasil, o marco inicial espanhol é a Constituição Federal, norma suprema que prevalece no conflito com outras normas, ainda que internacionais. Contudo, na Espanha existe uma compatibilidade entre a norma constitucional e a norma internacional, principalmente no campo laboral, como ocorre com as Convenções da OIT, diferentemente da situação brasileira.

Retornando à questão da constituição do sindicato, infere-se que a criação e o registro do sindicato devem ser simplificados, o que não significa generalizar a concessão de direitos sindicais, uma vez que os poderes de representação de uma coletividade dependerão do reconhecimento dinâmico, pela própria coletividade, da maior representatividade de certa entidade sindical. Assim, haveria um único registro

---

[159] OJEDA AVILÉS, Antonio. *Compendio de derecho sindical.* Madrid: Tecnos, 1998. p. 57-58.

[160] Article 7 – L'acquisition de la personnalité juridique par les organisations de travailleurs et d'employeurs, leurs fédérations et confédérations, ne peut être subordonnée à des conditions de nature à mettre en cause l'application des dispositions des articles 2, 3 et 4 ci-dessus.

formal para a criação de sindicatos, com as cautelas de praxe para se evitar fraudes, feito perante um órgão especializado (que poderia ser o Ministério do Trabalho na experiência brasileira); ao passo que a efetiva representação de uma categoria fica condicionada a eleições periódicas realizadas pela própria categoria, de forma dinâmica.

Isso permite que uma categoria não tenha um único representante em definitivo, por anos, mas sim representantes (sindicatos) com mandatos, periodicamente avaliados pelos trabalhadores (mandatários) mediante uma eleição. Assim, um sindicato poderá se perpetuar na representação de uma categoria não apenas pelo critério formal (de ser o primeiro a ser registrado), mas por ser periodicamente eleito pelos trabalhadores, em razão da sua boa atuação e competência na proteção dos interesses da sua categoria.

O objetivo é alcançar a efetividade da tutela sindical, vedando a atuação de sindicatos apenas formalmente constituídos, não representativos, situação um tanto comum na realidade nacional.

2.2. Enquadramento sindical e representação no local de trabalho

São comuns as referências no sentido de que no Brasil é plena a liberdade sindical individual no tocante à filiação ou desfiliação do trabalhador, a partir da leitura do art. 8, inciso V da Constituição Federal de 1988. Ocorre que a liberdade de filiação pressupõe não apenas a possibilidade de ingresso ou não no sindicato, mas de ingresso no sindicato da escolha do trabalhador,[161] do que resulta a sua inexistência, ou liberdade parcial, na atual estrutura sindical brasileira. Entre os caracteres do direito de afiliação, encontra-se o direito do trabalhador de eleger a associação sindical à qual almeja estar filiado.

Tanto é assim que a Constituição Federal da Espanha consagra, enquanto liberdade sindical individual, o direito do trabalhador de ingresso, retirada ou não participação de um sindicato. Disto infere-se que está previsto não apenas o direito de ingresso do trabalhador no sindicato, mas a livre eleição da entidade à qual deseja se filiar, conforme dispõe o artigo 28-1 da Constituição espanhola.[162] E no artigo

---

[161] OJEDA AVILÉS, Antonio. *Compendio de derecho sindical*. p.38.

[162] CE – Artículo 28. 1. Todos tienen derecho a sindicarse libremente. La ley podrá limitar o exceptuar el ejercicio de este derecho a las Fuerzas o Institutos armados o a los demás Cuerpos sometidos a disciplina militar y regulará las peculiaridades de su ejercicio para los funcionarios públicos. La libertad sindical comprende el derecho a fundar sindicatos y a afiliarse al de su elección, así como el derecho de los sindicatos a formar confederaciones y a formar organizaciones

2.1 da *Ley Organica de Libertad Sindical* está expressamente consagrada a liberdade sindical, nas seguintes dimensões:

> Artículo segundo
> 1. La libertad sindical comprende:
> a) El derecho a fundar sindicatos sin autorización previa, así como el derecho suspenderlos o a extinguirlos, por procedimientos democráticos.
> b) El derecho del trabajador a afiliarse al sindicato de su elección con la sola condición de observar los estatutos del mismo o a separarse del que estuviese afiliado, no pudiendo nadie ser obligado a afiliarse a un sindicato.
> c) El derecho de los afiliados a elegir libremente a sus representantes dentro de cada sindicato.
> d) El derecho a la actividad sindical.

No mesmo sentido está posicionada a doutrina espanhola, conforme se extrai das lições de Manglano:

> Por último, la protección frente al Estado parece exigir una existencia sindical plural, o dicho de otro modo, la posibilidad de que se constituyan varios sindicatos concurrentes. Naturalmente que ello no impide la posible unidad sindical, como acto libre y voluntariamente adoptado por los afiliados, que decidan la constitución de una única asociación sindical, o de éstas, que decidan la constitución de una asociación unitaria, como ocurrió entre nosotros durante la transición con la Coordinadora de Organizaciones sindicales. Lo único que parece estarse exigiendo es que, por parte del Estado, no se imponga la figura del sindicato único, propio de regímenes autoritarios, tal como ocurrió entre nosotros en el régimen político anterior.[163]

A unicidade, entendida como o monopólio de representação imposto por lei,[164] e o enquadramento sindical são critérios que não mais se sustentam. A liberdade sindical pressupõe a livre escolha, seja individual, seja pela maioria. Sempre que determinada coletividade de trabalhadores deseje ser representada por certo sindicato, isto deve ser viabilizado, critério que atende aos termos do artigo segundo da Convenção 87 da OIT.[165]

Não se pode delimitar a atuação de um sindicato a uma região ou categoria, pois, mesmo que ausentes tais requisitos, a vontade da maioria é que decidirá e deverá ser respeitada, uma vez que soberana. Até porque são justamente os trabalhadores os principais beneficiados ou prejudicados de uma escolha ruim. Neste ponto, a realidade brasileira é muito bem retratada nas palavras de Romita:

---

sindicales internacionales o a afiliarse a las mismas. Nadie podrá ser obligado a afiliarse a un sindicato.

[163] MANGLANO, Carlos Molero. *Derecho Sindical.* p. 260.

[164] NASCIMENTO, Amauri Mascaro. *Compêndio de direito sindical.* p.168.

[165] Article 2 – Les travailleurs et les employeurs, sans distinction d'aucune sorte, ont le droit, sans autorisation préalable, de constituer des organisations de leur choix, ainsi que celui de s'affilier à ces organisations, à la seule condition de se conformer aux statuts de ces dernières.

Generalizou-se a falsa idéia de que sindicato só pode ser criado por categoria. Só no Brasil, hoje em dia, esta noção ainda aparece como dominante. Na verdade, o fundamento do sindicalismo, à luz da história e no plano do Direito Comparado, repousa, na profissão, por vezes no ofício. A opção pela categoria nos foi legada pelo corporativismo italiano do tempo de Mussolini. Infelizmente, como diversas outras más influencias daquela nefasta ideologia, a sindicalização por categoria veio para ficar.[166]

Assim, deve ser substituída a regra que impõe o enquadramento sindical por categoria pela livre eleição dos trabalhadores, considerando a vontade da maioria. E tal escolha significa eleger o âmbito de atuação do sindicato (unidade de negociação), bem como a entidade, ou entidades, que fará a representação por determinado período. A possibilidade de eleição pelos trabalhadores representa uma estrutura sindical democrática e atende ao princípio fundamental da autonomia de organização sindical.

A definição do âmbito de atuação, ou unidade de negociação, deve ser vista do modo mais amplo possível, podendo não só ultrapassar as fronteiras de uma empresa, como também abranger apenas um determinado setor ou departamento da empresa, a qual nem sempre deve ser unitariamente considerada em virtude das circunstâncias e necessidades específicas existentes, inclusive decorrentes da noção de sociedade complexa que se vivencia. A unidade de negociação apenas deve pressupor que seja definida mediante livre escolha pelas partes acordantes que compõem o respectivo âmbito de atuação.[167]

Interessante é o estudo do sindicalismo na Argentina, no qual o art. 10 da Lei nº 23.551 (*Ley de Asociaciones Sindicales)*, ao tratar da constituição de sindicatos, faz referência aos sindicatos por atividade, ofício ou empresa. No entanto, a Corte Suprema argentina interpreta esse dispositivo como sendo um enunciado não taxativo, o que garante o direito constitucional dos trabalhadores de constituir as organizações que entendam convenientes, em consonância com o artigo segundo da Convenção 87 da OIT.[168]

A noção de categoria, sob a ótica sindical, deve ser compreendida nos termos em que calcada pelos próprios trabalhadores, mediante atos individuais de livre vontade. Como refere o ilustre professor Manglano, "[...] la categoria profesional no es más que el colectivo de trabajadores que enmarca ese denominador común de intereses que

---

[166] ROMITA, Arion Sayão. *Direito do trabalho:* temas em aberto. São Paulo: LTr, 1996. p. 515.

[167] España. Real Decreto Legislativo 1/1995, de 24 marzo (Estatuto de los Trabajadores) Artículo 83.Unidades de negociación. 1. Los convenios colectivos tendrán el ámbito de aplicación que las partes acuerden.

[168] ETALA, Carlos Alberto. *Derecho colectivo del trabajo.* 2. ed. atual. e amp. Buenos Aires: Astrea, 2007. p. 117-118.

a todo ellos les afecta [...]".[169] Deve ser evitada uma definição abstrata de categoria (modelo atual brasileiro), e substituída por modelo cuja configuração resulte da prática, guardando íntima relação e correspondência aos destinatários de um contrato coletivo.

Cabe aos interessados (e não a lei) a autodeterminação do âmbito de atuação do grupo, a partir de interesses comuns. Dessa forma, determinada coletividade estará unida pela existência de próprio e real interesse, e não por um liame jurídico e abstrato que são as classes previamente definidas, nas quais não raro há uma verdadeira concorrência entre si. A categoria não deve ser necessariamente vista como preexistente ao sindicato, pois compete aos trabalhadores interessados identificá-la, sob pena de retirar importância e limitar o movimento sindical. Nesse sentido a orientação de Romita:

> A noção de categoria sofre uma evolução, na dependência do regime político em que o sindicato atua: de um conceito absoluto e apriorístico, submetido ao ato estatal de enquadramento constitutivo, passa, em alternativa democrática, a um conceito relativo, segundo o qual ocupa posição *a posteriori* em face da entidade sindical. [grifo do autor][170]

Como abordado no primeiro capítulo deste trabalho, o próprio sindicalismo (e a noção de categoria) surgiu a partir da reunião espontânea de trabalhadores, que na sua união encontraram a força necessária para combater a exploração que sofriam e buscaram a melhoria da sua condição social. Como se admitir que, após toda a evolução que se teve nesse segmento, ainda se possa privilegiar um critério abstrato de definição de categoria em detrimento da vontade real e espontânea dos próprios trabalhadores.

Por isso, entende-se que aos próprios interessados, sujeitos participantes, competem eleger os critérios do grupo profissional, pautados na real existência de solidariedade, não se admitindo uma definição *a priori,* por representar grave violação da autonomia de organização e desrespeito à liberdade de cada indivíduo em posicionar-se nesse contexto.[171] Portanto, o âmbito de atuação sindical deve decorrer da realidade e a ela corresponder, não devendo dar-se mediante imposição legal. É deste modo que se tornará real a afirmação da existência de solidariedade categorial, estipulada de acordo com a livre vontade dos trabalhadores, evitando-se discordâncias e a fragmentação das aspirações categoriais.

---

[169] MANGLANO, Carlos Molero. *Derecho Sindical.* p. 21.

[170] ROMITA, Arion Sayão. Organização Sindical. In. FREDIANI, Yone; ZAINAGHI, Domingos Sávio [coord.]. *Relações de direito coletivo Brasil-Itália.* São Paulo: LTr, 2004. p. 125.

[171] GIUGNI, Gino. *Direito Sindical.* p. 59.

Do contrário, mantendo-se o atual critério utilizado no Brasil, é possível a situação de que uma categoria seja representada por um sindicato que ela não concorde. Poderá existir a situação de um sindicato ter poderes para representar uma coletividade de trabalhadores que não desejam ser por ela representado.

Não se desconhece as inúmeras controvérsias quando se trata da pluralidade e da unicidade, inclusive pelas variações conceituais que se pode adotar. Tanto que a proposta ora defendida pode vir a ser contestada enquanto pluralista, já que permite a atuação de um único sindicato, ou duas ou mais entidades conjuntamente, eleitas pela maioria em determinado âmbito de atuação, em detrimento daqueles votos vencidos (minorias). Porém isso não significa renúncia da liberdade. Afinal, para se consagrar um ambiente de liberdade, é necessário delinear limites imanentes. Em outras palavras, a restrição da liberdade em alguma medida é requisito imprescindível para a garantia da própria liberdade.

Tal afirmação não é nenhuma novidade, tanto que pode ser vislumbrada nos mais variados exemplos. A própria Constituição Federal Brasileira, que garante liberdades fundamentais, somente o faz mediante uma restrição da total liberdade, qual seja, a sujeição compulsória dos cidadãos à ordem constitucional existente. Além disso, a Carta prevê exceções à liberdade em circunstâncias que as justifiquem. Por essas razões, considera-se que a proposta de estrutura sindical formulada neste trabalho adota a pluralidade[172] e atende aos ideais de liberdade sindical.

Com a devida *vênia* aos que entendem diferentemente, são insustentáveis os argumentos em favor da unicidade. Não há que se falar em fragmentação e sindicatos pequenos e frágeis, pois esse sistema justamente fortalece aquelas entidades que tiverem efetiva ação sindical e competência, bem como permite uma representação além dos limites categoriais e de empregados celetistas. A própria realidade pátria, inclusive, rechaça o sistema vigente, haja vista ter ensejado a proliferação de sindicatos inoperantes e que carecem de representatividade, sendo órgãos carimbadores que sobrevivem da obrigatoriedade da contribuição. No regime brasileiro, que é de unicidade, o sindicato não precisa ser efetivamente representativo, uma vez que ela decorre de imposição legal.

Outro argumento sempre utilizado em favor da unicidade é a unidade da profissão. É indiscutível a importância desse critério, ele-

---

[172] Ainda que referida como pluralidade relativa (sindicato mais representativo). *In* AROUCA, José Carlos. *Curso básico de direito sindical.* São Paulo: LTr, 2006. p.105.

mentar para as finalidades sindicais, tanto que não se rechaça o mesmo, mas impugna-se a sua imposição, ou seja, a sua obrigatoriedade. A unidade de profissão é a regra, até mesmo por representar critério lógico e razoável, porém deve ser fruto da vontade livre de seus componentes, e não imposta, o que efetivamente legitima o representante escolhido.

Outra crítica comum ao modelo de pluralidade seria o incentivo a uma concorrência entre sindicatos. No entanto, entende-se que tal aspecto não é negativo, pois a concorrência entre sindicatos justamente tem o condão de fortalecê-los, por isso eles devem se unir para questões de maior relevância, ao invés de propiciar conflito, como apregoado. A noção de sindicato mais representativo, ainda que permita diversas formas de configuração, não serve como argumento para impedir a pluralidade, pois um razoável sistema eleitoral resolve tal problemática. Além do mais, trata-se de uma noção assimilada em diversos países que adotam a liberdade sindical, experiência que pode ser adotada para o Brasil.

A concorrência é inerente à vida em sociedade. Existe em todos os segmentos, na política, na empresa, na academia, etc. Os próprios trabalhadores hoje desempenham suas atividades em ambientes e mercados altamente competitivos, não havendo motivo para deixar de submeter o sindicato a esta condição, o que parece até mesmo um reconhecimento da fraqueza destas entidades, o que não é verdadeiro e não deve ser admitido. A ideia é que sobrevivam instituições sindicais fortes e representativas.

Deste modo, a concorrência por si só não é negativa, pelo contrário, pois estimula a qualificação, o desenvolvimento e a busca incessante por melhorias. O que não se admite é a concorrência desleal, é o agir contrário à lei ou com abuso de direito, ou uma concorrência que viole direitos fundamentais, como, por exemplo, a dignidade. Nesses casos de distorção, ilegalidade ou abuso, haverá o controle pelas instituições competentes, que na esfera trabalhista pode competir ao Ministério do Trabalho e ao Ministério Público do Trabalho, como já ocorre em relação às chamadas condutas antissindicais.

O critério ora defendido é plenamente justificável a partir da própria necessidade prática existente, qual seja, o campo de atuação do sindicato e a incidência das normas coletivas devem estar modelados ao espaço em que elas acontecem.[173] Ainda que tais argumentos não sejam novos, pois há décadas são sustentados com louvor, eles adquirem maior pertinência nos tempos atuais. Isso ocorre em virtude da

---

[173] GIUGNI, Gino. *Direito Sindical.* p. 85.

maior complexidade das organizações empresariais e suas estruturas horizontais, com diversas atividades especializadas que, ao mesmo tempo, fazem parte de um todo, dificultando a noção de atividade principal ou preponderante, adotada pela CLT.

Em prol da pluralidade sindical, que representa o desenvolvimento social, encerra-se o debate com as palavras de Chiarelli:

> Entendia-se existir maturidade sindical suficiente para permitir ao profissional o direito de livre escolha da entidade que se ajustaria melhor às suas expectativas e convicções. Seu conhecimento de causa, seu descortínio intelectual permitiriam que diferenciasse, de per si, entre tantas instituições à disposição, uma que afinasse com sua posição ou que dela se aproximasse. Nesse enfoque, a pluralidade sindical não seria apenas um direito, mas, sobretudo, caracterizar-se-ia como uma homenagem ao desenvolvimento de uma classe que teria crescido, em força e em sabedoria, nas próprias lutas reivindicatórias.[174]

Cabe aos sindicatos reformular suas estratégias e se fortalecer em nível empresarial, até mesmo como forma de lidar com a triste realidade de valorização do individual, das suas habilidades frente à tecnologia, antes de pensar na união. Uma atuação na empresa ou local do sindicato lhes dará melhores condições de lidar com as transformações que vêm ocorrendo nesse âmbito, principalmente no tocante às formas de trabalho e de contratação, questões que atualmente têm feito com que uma gama de trabalhadores fique à margem da atuação e proteção sindical. São diversas as diferenças existentes entre as próprias empresas que compõem uma categoria abstrata, de modo que uma representação e negociação no âmbito interno permitem tratar os desiguais de forma desigual, de acordo com a realidade, estimulando um entendimento direto entre trabalhador e empresa.

Considerando a livre eleição do âmbito de representação e do sindicato, destaca-se que o Brasil possui um sistema eleitoral considerado como um dos mais desenvolvidos do mundo, sendo que a realização de uma eleição no âmbito de atuação de um sindicato não trará maiores dificuldades de implantação, nem custos muito superiores aos da atual máquina estatal.

Uma razoável equipe treinada ou assessorada pela Justiça Eleitoral é plenamente capaz de desenvolver uma eleição sindical, isso quando as proporções desta demandarem tal procedimento. Ademais, é plenamente possível destacar representantes do Ministério do Trabalho e Emprego e as respectivas Agências Regionais, bem como do Ministério Público do Trabalho para atuar e fiscalizar esse sistema de eleição sindical. Portanto, são diversas as possibilidades de

---

[174] CHIARELLI, Carlos Alberto. *O trabalho e o sindicato – Evolução e desafios.* p. 186.

regulamentação e fiscalização das eleições em referência, sendo que a autoridade competente para tanto deverá, igualmente, fornecer as respectivas certificações.

Deve ser mantida a possibilidade de criação de delegacias sindicais (CLT, art. 517, § 2º) e até mesmo seções sindicais (representantes) no âmbito de uma região ou empresa, em conformidade com o porte da mesma. Isso permite a necessária aproximação dos sindicatos aos seus representados, fator que, de regra, resulta na efetiva representação daqueles trabalhadores mediante atuação forte da entidade sindical. Além disso, considerando a implantação de um sistema que permite eleger qualquer entidade sindical como representativa de determinada coletividade de trabalhadores, deve ser igualmente garantida a representação unitária nos estabelecimentos, fortalecendo a união daqueles trabalhadores e aproximando-os do seu sindicato representativo.

A representação dos trabalhadores no âmbito empresarial, sejam ou não vinculados ao sindicato, é matéria já regulamentada pela OIT, por meio da Convenção nº 135, ratificada no Brasil mediante o Decreto nº 131 de 1991. Destaca-se o artigo terceiro da Convenção referida, cuja redação está em consonância com a proposta acima apresentada:

ARTIGO 3
Para os fins da presente convenção, os termos «representantes dos trabalhadores» designam as pessoas reconhecidas como tal pela legislação ou prática nacionais, tais como:
a) Representantes sindicais, isto é, representantes livremente eleitos pelos sindicatos ou pelos membros dos sindicatos;
b) Representantes eleitos, isto é, representantes livremente eleitos pelos trabalhadores da empresa, em conformidade com as disposições da legislação nacional ou de convenções coletivas, e cujas funções não se estendem às atividades que são reconhecidas, nos países interessados, como dependentes das prerrogativas exclusivas dos sindicatos.[175]

O que se almeja de uma reforma sindical no Brasil é o resguardo de bases que permitam o desenvolvimento da efetiva autotutela dos trabalhadores no interior da empresa, no centro de trabalho, uma das formas mais autênticas de democratização, principalmente a partir do seu sindicato.

---

[175] Article 3. Aux fins de la présente convention, les termes représentants des travailleurs désignent des personnes reconnues comme tels par la législation ou la pratique nationales, qu'elles soient: a) des représentants syndicaux, à savoir des représentants nommés ou élus par des syndicats ou par les membres de syndicats; b) ou des représentants élus, à savoir des représentants librement élus par les travailleurs de l'entreprise, conformément aux dispositions de la législation nationale ou de conventions collectives, et dont les fonctions ne s'étendent pas à des activités qui sont reconnues, dans les pays intéressés, comme relevant des prérogatives exclusives des syndicats.

É na empresa ou no estabelecimento que a solidariedade precisa ser mais forte e mostra-se imediatamente perceptível, embora, ao mesmo tempo, seja o lugar onde se encontram as maiores dificuldades em virtude da exposição do trabalhador, do número de desempregados, da composição majoritária nacional de pequenas empresas, etc.[176] Não obstante, essas dificuldades não são razões suficientes para que se desista da ideia de fortalecimento da união e representação unitária dos trabalhadores no âmbito do local de trabalho, com substrato no direito de associação – não limitado à associação sindical – e de representação.

A proposição referida adquire salutar relevância a partir da realidade empresarial brasileira, composta majoritariamente de pequenas e médias empresas, nas quais deveria sempre haver um representante institucional dos trabalhadores, responsável pela interface entre estes e o sindicato e a empresa, facilitando a comunicação e cooperação *inter partes*. Essa representação não precisa ser necessariamente sindical, na qual repercutem os requisitos de elegibilidade como, a título explicativo, a exigência de pelo menos um ano de trabalho no local da representação. Basta que os representantes sejam livremente eleitos pelos trabalhadores daquele centro de trabalho (representação eletiva).

A representação unitária dos trabalhadores no centro de trabalho por meio de representantes não sindicais colaboraria com o objetivo maior, que é a comunicação e cooperação entre as partes, objetivos estes já referendados no artigo décimo primeiro da Constituição de 1988.[177] Ressalte-se que tal situação não significa que os trabalhadores devam abrir mão de medidas de conflitos, as quais deverão ser promovidas quando necessário, com todo o suporte do sindicato representativo.

Este representante pode ser apenas uma pessoa, principalmente em locais com poucos trabalhadores, ou pode haver um comitê de representação, em estabelecimentos maiores, composto por pessoas que representam as unidades do estabelecimento ou as minorias, como trabalhadores jovens, temporários, etc. Com respeito aos entendimentos em contrário, mesmo nas empresas com restrito quadro de pessoal, como, por exemplo, até dez empregados (CLT, art. 74, § 2º), é interessante que haja um trabalhador designado oficialmente como

---

[176] GIUGNI, Gino. *Direito Sindical.* p. 38.

[177] Art. 11. Nas empresas de mais de duzentos empregados, é assegurada a eleição de um representante destes com a finalidade exclusiva de promover-lhes o entendimento direto com os empregadores.

Fundamentos do Direito Coletivo do Trabalho

representante dos trabalhadores, unindo vozes, ainda que nesses casos o trato individual com o empregador seja bastante próximo.

Atualmente, não se vislumbra atividade sindical efetiva em empresas de pequeno porte, mas, uma vez que são trabalhadores que demandam representação, isto deve ser modificado, ainda mais em um contexto de aumento da descentralização e terceirização, no qual médias e grandes empresas buscam cada vez mais manter apenas uma estrutura mínima de produção. Porém, são rodeadas de outras empresas menores que a elas assistem e que, de regra, não sofrem ingerências sindicais. Porque não se cogitar na representação única de trabalhadores que trabalham em um mesmo local de trabalho, mesmo que vinculados a empregadores diversos, como ocorre nas hipóteses de terceirização. No atual sistema sindical brasileiro, é impossível a união de trabalhadores que laboram no mesmo local, mas para empregadores distintos. Ocorre que muitas vezes poderá haver solidariedade de interesses apta a ensejar uma representação única, o que não poderia ser vedado por lei, mas permitido a partir da deliberação espontânea dos próprios interessados.

Cabem a essas representações, entre outras, diversas funções que estão vinculadas à defesa dos interesses dos trabalhadores: fiscalizar e controlar as normas e condições fixadas com o empregador, principalmente no tocante à prevenção de riscos laborais, questão de suma importância; aproximar os trabalhadores da administração empresarial, favorecendo o diálogo e prevenindo conflitos; mediar e solucionar conflitos de forma ágil e eficaz, estimulando soluções negociadas; acompanhar a conduta e trato dos trabalhadores, evitando-se discriminações; acessar, estudar e repassar informações aos trabalhadores sobre a situação da empresa, tais como balanço, resultados e produção; acompanhar as sanções aplicadas aos trabalhadores pelo empregador; verificar os contratos laborais formulados e documentos; formular sugestões, reivindicações e propostas de melhorias; auxiliar os órgãos de fiscalização do trabalho. Contudo, ressalva-se para os representantes sindicais a legitimação para a negociação coletiva, ainda que devam ser auxiliados pelos representantes unitários locais dos trabalhadores, os quais devem compor a comissão negociadora e possuir vozes nos procedimentos negociais.

Assim, ao mesmo tempo que a entidade sindical se preocupa com a internacionalização e a representação de inúmeras coletividades de trabalhadores, não perde a importante aproximação e atuação interna, mediante assessoramento aos representantes. A primeira, por razões políticas, humanitárias e econômicas, sendo um fator de extrema relevância no presente cenário mundial em virtude do acirrado *dumping social* e da necessidade de diminuir desvantagens existentes entre competidores, em relação ao custo de produção, pautadas nas condições de trabalho e nos direitos trabalhistas. Urge uma uniformização dos custos de mão de obra em empresas concorrentes. A segunda, por se tratar de inegável elemento promocional do entendimento direto entre trabalhadores e empregadores.

A atuação sindical deve ser pensada em nível internacional, inclusive com sindicatos nacionais unindo forças com sindicatos estrangeiros, supostamente mais desenvolvidos. Não obstante haver questões que mereçam ser tratadas internamente, há uma gama de pautas que não só podem como devem ser tratadas em nível internacional, como a cooperação entre sindicatos de mesmo âmbito empresarial ou setor econômico, isonomia dos programas de formação e capacitação, homogeneização das medidas de segurança e saúde do trabalho em prol da maior preservação possível da higidez física e mental dos trabalhadores.

O sindicalismo de hoje não apenas comporta como necessita de incursões de políticas sociais e trabalhistas além das fronteiras, pois a própria questão social hoje se encontra internacionalizada. É a lógica das transformações que estão ocorrendo, pois se o mundo econômico e as empresas, por consequência, estão organizados em níveis globais, a limitação do sindicato ao âmbito nacional lhe retira as condições de tornarem efetivas as suas ações. Um exemplo da necessidade de integração e internacionalização foi a criação, em Viena, da Confederação Sindical Internacional (CSI), tida como a maior central sindical do mundo, fruto da união das duas maiores centrais do gênero, agrupando milhões de trabalhadores.

Assim, deve haver a fixação de condições mínimas de trabalho dentro de um determinado setor competitivo, ainda que de âmbito internacional, de modo a evitar que as condições de trabalho se tornem elementos de competitividade no apregoado ambiente de livre concorrência. Os direitos dos trabalhadores, comumente consagrados como garantias fundamentais do cidadão, jamais podem ser utilizados como vantagem para determinada empresa no seu setor. Contudo, frequentemente se verifica a utilização de salários mais baixos e as piores condições de trabalho como fator de competitividade.

Na Europa, após a unificação da moeda e do mercado europeu, a integração desses países no que concerne às questões trabalhistas mostra-se como de extrema necessidade, sob pena de transformar as relações de trabalho, cada vez mais, em fator de competitividade. Mesmo antes da Comunidade Europeia, já havia a integração das entidades representativas dos trabalhadores. Após a implantação da Comunidade, tal situação se intensificou, como se verifica nos inúmeros acordos sociais em nível continental, movimento já denominado como "europeização da negociação coletiva".[178] Assim, uma estratégia sindical restrita à esfera nacional pode ser ineficiente diante do fenômeno da globalização e do incremento de pactos de livre comércio entre nações.

Uma questão importante que deve ser analisada conjuntamente com a proposição de retirada da regra do enquadramento sindical diz respeito à representação dos desempregados e aposentados. O sindicato não pode ficar à margem das pessoas que ostentam tal situação; pelo contrário, deve ter um programa de atuação e proteção das mesmas, até porque elas precisam de tanto amparo quanto os trabalhadores em atividade, se não mais. Parece que a criação de sindicatos apenas de aposentados ou apenas de desempregados careceria de força e até mesmo de legítimo objeto, sendo um órgão frágil. Nesse sentido dispõe a legislação sindical espanhola, nos termos da Ley Organica 11/1985, de 2 de agosto, de Libertad Sindical:

> Artículo tercero
> 1. No obstante lo dispuesto en el artículo 1., 2,[179] los trabajadores por cuenta propia que no tengan trabajadores a su servicio, los trabajadores en paro y los que hayan cesado en su actividad laboral, como consecuencia de su incapacidad o jubilación, podrán afiliarse a las organizaciones sindicales constituidas con arreglo a lo expuesto en la presente ley, pero no fundar sindicatos que tengan precisamente por objeto la tutela de sus intereses singulares, sin perjuicio de su capacidad para constituir asociaciones al amparo de la legislación especifica.

Contudo, isso não significa excluir tais pessoas da proteção sindical. A solução está no fato de que desempregados e aposentados guardam uma vinculação, ainda que mínima, à sua atividade anterior. Assim, os trabalhadores nessas condições devem se filiar aos sindicatos que lhes representavam na atividade anterior, ao passo que o referido sindicato, por sua vez, deve desenvolver programas especiais de proteção para aqueles que se encontram nas condições referidas, até porque esses são os mais carentes e necessitados de uma forte organização coletiva, em prol de oportunizar-lhes melhores condições de trabalho e de vida.

---

[178] LORENZETTI, Jorge [et.al.]. *O Sindicalismo na Europa, Mercosul e Nafta*. São Paulo: LTr, 2000. p. 99.

[179] Artículo primero [...] 2. A los efectos de esta ley, se consideran trabajadores tanto aquellos que sean sujetos de una relación laboral como aquellos que lo sean de una relación de carácter administrativo o estatutario al servicio de las administraciones públicas.

Cabe mencionar a lição de Arouca, ao tratar da atual necessidade de se encontrar novas formas de solidariedade nos sindicatos:

> Cabe tentar a coexistência da sindicalização por empresa ou ramo de atividade com outras – formais ou informais – que reuniriam mulheres, jovens, técnicos e dirigentes de uma mesma profissão, embora trabalhando para empresas ou setores de atividades diferentes. Talvez seja possível criar estruturas específicas para os trabalhadores do setor informal e desempregados.[180]

O sindicato deve ter a possibilidade de acolher todos os trabalhadores que desejarem tal acolhida, sejam eles empregados, autônomos, informais, etc., superando as barreiras da subcontratação em busca da integração e coesão de toda a classe trabalhadora. Ainda, é necessário o amparo do sindicato aos desempregados, na defesa dos interesses destes, desenvolvendo atividades de inclusão. Nesse aspecto, cabe ressaltar que a atenção ao desempregado nem sempre se dará mediante ações diretas, mas o próprio modo de agir nas relações com os trabalhadores ativos (como o controle de jornada extraordinária, a regulação dos aumentos salariais, dentre outros) também repercute nos níveis de emprego.[181] Em face das transformações econômicas, tecnológicas e sociais, é imprescindível a ampliação das vozes coletivas, agregando os mais variados segmentos de trabalhadores.

Além dessa ampliação de trabalhadores, o sindicato precisa reformular seu modelo de comunicação e atuação de acordo com o novo perfil profissional, mais qualificado. Mesmo os trabalhadores com maior qualificação e nível de instrução exigem uma representação coletiva, diversa daquela historicamente consagrada pelos sindicatos, pois pautada no respeito à profissão e no reconhecimento de razoável autonomia profissional. Trata-se de uma nova era de trabalhadores, os quais necessitam estar unidos, porém representados por entidades que compreendam essa posição particular, ou seja, também se exige uma nova era de sindicatos e sindicalistas.

A tarefa mais importante das entidades sindicais, que é a negociação coletiva, deve ser outorgada pelos trabalhadores ao sindicato eleito como seu representante em determinada unidade, inclusive sendo permitida a atuação direta de entidades de grau superior. A negociação coletiva pode ocorrer no âmbito empresarial ou supra, sendo parte uma empresa, várias empresas ou, ainda, um sindicato representativo das mesmas. Ressalte-se que o procedimento de eleição do sindicato patronal representativo deve observar uma proporção entre

---

[180] AROUCA, José Carlos. *O sindicato em um mundo globalizado*. São Paulo: LTr, 2003. p. 466.

[181] MANGLANO, Carlos Molero. *Derecho Sindical*. p. 158.

Fundamentos do Direito Coletivo do Trabalho

o valor do voto em relação à quantidade de trabalhadores de cada empresa.

2.3. Unicidade

Por todo o exposto nos itens acima, não mais se sustenta o critério da unicidade, uma vez que limitador da liberdade sindical. Quanto mais sindicados existirem em uma determinada região, todos com possibilidade de atuação em determinada coletividade, melhor para os trabalhadores, por que isso reforça e exige uma melhoria na atuação sindical, haja vista tal critério ser o mais importante na hora de os trabalhadores elegerem qual entidade será a mais representativa.

2.4. Representatividade

Urge no Brasil que sejam definidos critérios dinâmicos de representatividade, o que somente pode ocorrer após o desapego à regra de unicidade e do enquadramento sindical, como acima tratado.

Mesmo considerando o curto período de um ano, neste tempo já é possível que haja distinção no que concerne à representatividade do sindicato perante uma categoria. Contudo, a estrutura sindical brasileira vincula a representatividade ao registro, à criação e modificação de sindicatos, em um processo estático e moroso, situação que não pode permanecer nos dias de hoje. Por isso, a alteração na estrutura sindical brasileira deve ser pautada na implantação de mecanismos dinâmicos de representatividade e negociação, por eleição, atendendo à realidade das relações de trabalho, principalmente no tocante à ingerência de diversos fatores em constante mudança, sejam de ordem econômica ou política.

Novamente em menção ao sindicalismo espanhol, tem-se que a partir do registro sindical haverá personalidade e capacidade, porém é o sindicato mais representativo que gozará de capacidade representativa, de participação institucional e ação sindical, nos termos do artigo sexto e sétimo da Lols.[182] A condição de sindicato mais representativo

---

[182] Artículo sexto. 1. La mayor representatividad sindical reconocida a determinados sindicatos les confiere una singular posición jurídica a efectos, tanto de participación institucional como de acción sindical. 2. Tendrán la consideración de sindicatos más representativos a nivel estatal: a) los que acrediten una especial audiencia, expresada en la obtención, en dicho ámbito del 10 por 100 o más del total de delegados de personal de los miembros de los comités de empresa y de los correspondientes órganos de las administraciones públicas. b) los sindicatos o entes sindicales, afiliados, federados o confederados a una organización sindical de ámbito estatal que tenga la consideración de más representativa de acuerdo con lo previsto en la letra a). 3. Las organizacio-

confere poderes para: a) exercer representação institucional perante a administração pública e outras entidades, bem como participar como interlocutoras na determinação de condições de trabalho dessas entidades; b) realizar negociação coletiva; c) participar do sistema não jurisdicional de solução de conflitos trabalhistas; d) promover eleições para representantes de classes; e) obter cessão temporária do uso de imóveis pertencentes ao patrimônio público; f) exercer qualquer função representativa que se estabeleça.

O critério de capacidade comum e capacidade representativa é interessante sob o ponto de vista da melhor forma de resolução de conflito e pacificação social. Isso porque o primeiro é estático, como não poderia deixar de ser, enquanto o segundo é dinâmico e acompanha os constantes acontecimentos, de ordem econômica e social, que necessariamente têm influência nas relações de trabalho. Somente deverão ser conferidos poderes ao sindicato para representar os trabalhadores quando se tratar de entidade com autêntica representatividade.

Uma representatividade meramente formal do sindicato desvirtua a finalidade da representação, qual seja, a de que tal entidade seja a voz daqueles que lhe confiaram poderes, acreditando na sua com-

---

nes que tengan la consideración de sindicato más representativo según el número anterior, gozarán de capacidad representativa a todos los niveles territoriales y funcionales para: a) ostentar representación institucional ante las administraciones públicas u otras entidades y organismos de carácter estatal o de comunidad autónoma que la tengan prevista. b) la negociación colectiva, en los términos previstos en el estatuto de los trabajadores. c) participar como interlocutores en la determinación de las condiciones de trabajo en las administraciones públicas a través de los oportunos procedimientos de consulta o negociación. d) participar en los sistemas no jurisdiccionales de solución de conflictos de trabajo. e) promover elecciones para delegados de personal y comités de empresa y órganos correspondientes de las administraciones públicas. f) obtener cesiones temporales del uso de inmuebles patrimoniales públicos en los términos que se establezcan legalmente. g) cualquier otra función representativa que se establezca.

Artículo séptimo. 1. Tendrán la consideración de sindicatos más representativos a nivel de comunidad autónoma: a) los sindicatos de dicho ámbito que acrediten en el mismo una especial audiencia expresada en la obtención de, al menos, el 15 por 100 de los delegados de personal y de los representantes de los trabajadores en los comités de empresa, y en los órganos correspondientes de las administraciones públicas, siempre que cuenten con un mínimo de 1.500 representantes y no estén federados o confederados con organizaciones sindicales de ámbito estatal; b) los sindicatos o entes sindicales afiliados, federados o confederados a una organización sindical de ámbito de comunidad autónoma que tenga la consideración de más representativa de acuerdo con lo previsto en la letra a). Estas organizaciones gozarán de capacidad representativa para ejercer en el ámbito especifico de la comunidad autónoma las funciones y facultades enumeradas en el número 3 del artículo anterior, así como la capacidad para ostentar representación institucional ante las administraciones públicas u otras entidades u organismos de carácter estatal. 2. Las organizaciones sindicales que aun no teniendo la consideración de más representativas haya obtenido, en un ámbito territorial y funcional especifico, el 10 por 100 o más de delegados de personal y miembros de comité de empresa y de los correspondientes órganos de las administraciones públicas, estarán legitimadas para ejercitar, en dicho ámbito funcional y territorial, las funciones y facultades a que se refieren los apartados b), c), d), e) y g) del número 3 del artículo 6. De acuerdo con la normativa aplicable a cada caso.

petência para tanto. A ausência de efetiva representação contraria a própria origem do sindicato, expressão que deriva do grego *sindico*, ou seja, aquele encarregado de representar os interesses de um grupo de indivíduos.[183] Corrobora-se, assim, a autenticidade apregoada por Barata Silva, de que o sindicato autêntico é aquele que nasce da vontade dos componentes de uma categoria, pautada na solidariedade, enquanto compartilhem dos mesmos problemas, o que promoverá a união em um sindicato forte, capaz de realmente expressar as aspirações da categoria.[184]

Embora se conheça o sistema de representatividade pelo critério da proporcionalidade, bastante comum na Europa, sugere-se que uma reforma no Brasil contemple o critério da maioria, como dito acima. Ou seja, os amplos poderes de representação do sindicato devem ser concedidos a entidade reconhecida como mais representativa naquela unidade de representação, principalmente em se tratando de âmbito local, mediante eleição e por um período determinado. Eventualmente, não havendo paridade entre entidades sindicais, é possível a atuação dos entes reconhecidos como mais representativos, mediante a estipulação de uma comissão, cuja atuação será una.

O critério defendido atende à importante noção de união de esforços, não fragmentando a coletividade mediante o reconhecimento de diversos entes sindicais simultaneamente. Além disso, facilita a negociação coletiva e o cumprimento das respectivas normas, em um sistema pautado no equilíbrio de forças entre ambas as partes. Nesse sistema, é de suma importância garantir a igualdade de tratamento entre os sindicatos que almejem obter uma representação.

Como regra, a representação e a respectiva norma coletiva devem ter aplicação geral[185] e obrigatória no âmbito do grupo de trabalhadores participantes, incluindo-se os não filiados ou filiados a outras entidades sindicais. Ressalva-se, porém, a hipótese de oposição individual do trabalhador não filiado à cota de representação, cujo reflexo é a renúncia aos benefícios do convênio.

A representação *erga omnes* possui as mais variadas justificativas: garantir a não discriminação em relação às condições entre trabalhadores do mesmo local de trabalho, evitando-se tensões internas;

---

[183] ACZEL, Maria Cristina. *Instituciones del derecho colectivo Del trabajo*. Buenos Aires: La Ley, 2002. p. 15.

[184] BARATA SILVA. A.C. Liberdade sindical – unidade e pluralidade. *In* TEIXEIRA FILHO, João de Lima [coord.]. *Relações coletivas de trabalho*. São Paulo: LTr, 1989. p. 314.

[185] Conforme os ensinamentos de Carlos Molero Manglano, apesar das divergências doutrinárias possíveis, a regra no sistema sindical espanhol é claramente de eficácia geral dos convênios coletivos no âmbito da representação. (MANGLANO, Carlos Molero. *Derecho Sindical*. p. 541)

impedir uma ausência de interesse pelas reivindicações; evitar a perda de força contratual pelo sindicato; tornar prático o cumprimento da norma, sem confluência de normas diversas; promover melhores condições de trabalho da classe trabalhadora no seu conjunto, função precípua da existência e atuação sindical. Por outro lado, isso não significa uma desvalorização dos trabalhadores filiados, uma vez que estes possuem tratamento diferenciado de contribuição (*infra*), além da possibilidade de serem beneficiados por diversas outras ações, como o oferecimento de serviços e vantagens específicas mediante o desenvolvimento do assistencialismo.

Oportuno referenciar o sindicalismo espanhol, que considera uma violação da liberdade sindical pelo próprio sindicato quando o mesmo estipula as chamadas *cláusulas de seguridad sindical*. Isso porque é vedada a aplicação de um convênio ou parte dele exclusivamente aos filiados do sindicato (*ventajas reservadas)*. Ademais, a própria experiência demonstra a imensa dificuldade de se limitar a aplicação de uma norma coletiva apenas aos trabalhadores filiados. Mesmo que um sistema jurídico venha a permitir tal acontecimento, na prática os empregadores certamente vão evitar tal atitude, pois preferem uma uniformização normativa dos trabalhadores, evitando-se a burocracia deste procedimento seletivo (dupla contabilidade trabalhista) e, principalmente, as repercussões internas maléficas, o que acabaria por ensejar mais conflitos ao invés de solucioná-los.

A escolha do sindicato mais representativo cabe apenas aos trabalhadores que compõem o respectivo âmbito de atuação, mediante votação expressa de todos. Essa modalidade, reconhecida na experiência norte-americana, é pautada por critérios objetivos, cuja verificação é mais simples do que outros modelos. Ressalte-se que o princípio da maioria significa metade mais um dos votos, dentro de determinado quórum, embora seja possível também, conforme a relevância da questão, prever a necessidade de uma maioria qualificada, ou seja, dois terços dos votantes.

Nessa perspectiva, uma questão delicada é o direito de votar dos trabalhadores que possuem contratos de trabalho a prazo determinado. Não se pode aceitar sua simples exclusão, sendo ideal definir critérios com base no prazo do contrato proporcionalmente ao valor de cada voto. Assim, a valoração do voto do trabalhador vai depender da natureza do contrato, principalmente no que concerne ao seu prazo de duração.

Por fim, uma alternativa existente no contexto do sistema jurídico brasileiro em vigência é a criação e o registro de um sindicato em detrimento de outro já existente, com base no critério da representatividade. Afinal, a regra de unicidade permite apenas um sindicato da categoria por base territorial, o que não significa a manutenção em absoluto do mais antigo, e sim do mais representativo.

O artigo 515 da CLT estabelece, enquanto requisito para a criação de um sindicato profissional, a reunião de um terço de empregados daquela categoria. Trata-se de requisito mínimo, o que não deve ser interpretado como suficiente para perpetuar uma entidade sindical no poder, quando existe outra com maior representatividade dos empregados. Tanto que a regra prevista no art. 516 da CLT, que impõe a unicidade, apenas traz uma limitação quanto ao reconhecimento, ou seja, a de apenas uma entidade sindical por base territorial. Isso jamais poderá significar que deva ser mantido eternamente o reconhecimento já outorgado a um sindicato mais antigo. Muito pelo contrário, pois a representação é a pedra fundamental, razão de existir dos sindicatos, critério maior e principal, o que é reconhecido no ordenamento jurídico pátrio a partir da interpretação teleológica do art. 519 da CLT.

Portanto, entende-se que na estrutura sindical vigente no Brasil, somente é possível a existência de um sindicato da categoria por base territorial, o qual será reconhecido pelo critério da maior representatividade categorial.

2.5. Contribuições

No tocante às contribuições sindicais, o modelo brasileiro de imposição legal das mesmas, com natureza tributária, representa um dos principais fatores, senão o principal, da manutenção de sindicatos frágeis inoperantes. É claro que a contribuição compulsória não é o único fator em virtude da forte ligação e reflexos existentes entre esta e as demais questões relativas à estrutura sindical. De qualquer forma, não resta dúvida de que a contribuição sindical e a representação exclusiva constituem os maiores vícios da estrutura sindical brasileira, tanto que o Brasil é único país no mundo que contempla o instituto da contribuição compulsória, conforme referência de Romita.[186]

No atual sistema sindical é bastante controvertida a questão das contribuições sindicais. Assim, inicialmente, far-se-á uma análise do atual modelo de receita sindical brasileiro para, em seguida, tratar da reformas desse modelo.

---

[186] ROMITA, *op. cit.*, p. 127.

O patrimônio dos sindicatos é o conjunto de bens que servem para o cumprimento das finalidades sindicais de representação e defesa dos interesses dos trabalhadores. No Brasil, o patrimônio sindical é composto por receitas ordinárias e extraordinárias, correspondente às contribuições que podem ser cobradas, bem como as doações, legados, multas, bens e rendas decorrentes dos mesmos, entre outros, conforme dispõe o art. 548 da CLT.

As contribuições sindicais (receitas ordinárias) representam a base do sistema de arrecadação sindical. Da interpretação da legislação pátria, o custeio dos sindicatos pode ser realizado mediante a cobrança de quatro contribuições possíveis: a contribuição sindical, a contribuição confederativa, a contribuição assistencial e a contribuição associativa. Por isso é comum a distinção entre contribuição sindical *latu* sensu (gênero), como referência aos quatro tipos mencionados, ou contribuição sindical *stricto sensu* (espécie), como referência específica à contribuição sindical (imposto sindical).

A contribuição sindical, também conhecida como imposto sindical, destina-se a manutenção do sistema sindical, especificamente para o custeio das atividades do sindicato. Tem previsão constitucional, a partir da ressalva contida no art. 8º, inciso IV,[187] da Constituição, combinado com os arts. 578[188] e seguintes da CLT. É devida por todos que participem das categorias econômicas ou profissionais envolvidas, compulsoriamente, inclusive tendo natureza tributária, como previsto no art. 149 da Constituição Federal.

A contribuição deve ser descontada em folha de todos os empregados da categoria (CLT, art. 545), no mês de março de cada ano, na quantia equivalente a um dia de trabalho do empregado, como determina o art. 580 da CLT. Para os empregadores, o valor devido é proporcional ao capital social da empresa, mediante a aplicação de alíquotas prevista no art. 580 da CLT. A destinação da contribuição arrecadada dos empregados é dividida da seguinte forma (CLT, art. 589): a) 5% para a confederação correspondente; b) 15% para a federação correspondente; c) 60% para o sindicato de base; d) 10% para o Estado (Conta Especial Emprego e Salário); e) 10% para a Central Sindical.

---

[187] Art. 8º [...] IV – a assembléia geral fixará a contribuição que, em se tratando de categoria profissional, será descontada em folha, para custeio do sistema confederativo da representação sindical respectiva, independentemente da contribuição prevista em lei; .

[188] Art. 578. As contribuições devidas aos Sindicatos pelos que participem das categorias econômicas ou profissionais ou das profissões liberais representadas pelas referidas entidades serão, sob a denominação do "imposto sindical", pagas, recolhidas e aplicadas na forma estabelecida neste Capítulo.

Já a contribuição confederativa é aquela fixada em assembleia geral, nos termos do art. 8º, inciso IV, da Constituição. Teoricamente, tal contribuição deveria substituir a contribuição sindical. Contudo, a redação do referido dispositivo constitucional dá ensejo à cobrança concomitante de ambas. Trata-se de uma contribuição espontânea, considerando que sua instituição depende de aprovação em Assembleia Geral, a qual igualmente deverá estabelecer os valores e quaisquer outros parâmetros necessários. A finalidade desta receita, como o próprio nome já diz, é a manutenção do sistema confederativo, cabendo ao sindicato a divisão da mesma para as entidades de grau superior. A principal distinção entre a contribuição confederativa e a sindical é que esta decorre de lei, enquanto aquela necessita de aprovação em assembleia geral.

O Supremo Tribunal Federal consolidou seu entendimento de que esta contribuição somente pode ser cobrada dos sócios do sindicato, consoante os termos da Súmula nº 666 do Tribunal Constitucional. No mesmo sentido é o Precedente Normativo nº 119 do Tribunal Superior do Trabalho.

A terceira espécie, denominada de contribuição assistencial (ou taxa assistencial), é aquela estipulada em instrumento normativo e em virtude deste, considerando os benefícios e custos decorrentes de uma negociação coletiva. Esclareça-se que a negociação coletiva é o procedimento, cujo resultado positivo é a norma coletiva autônoma (a convenção ou acordo coletivo). O fundamento legal da contribuição assistencial é o art. 513, alínea *e*, da CLT. Os valores e as demais condições serão aquelas estabelecidas na própria norma coletiva, motivo pelo qual dita contribuição tem natureza convencional e facultativa, vinculada a autonomia da vontade dos contratantes.

No tocante à cobrança da contribuição assistencial do não associado, cabe destacar que o Tribunal Superior do Trabalho tem considerado tal prática inconstitucional, por violar o princípio da liberdade de associação, conforme consolidado na Orientação Jurisprudencial nº 17 da Seção de Dissídio Coletivos e Precedente Normativo nº 119. No entanto, há acirrada controvérsia sobre a questão, uma vez que os benefícios da norma coletiva são aplicados a todos trabalhadores indistintamente, pelo que também deveriam todos os trabalhadores arcar com os custos da negociação coletiva.

Por fim, a contribuição associativa é a prevista em estatuto, paga pelo sócio da entidade sindical em virtude da sua associação. Ao se associar ao sindicato, o empregado adere ao estatuto do mesmo, cuja observância se impõe. Normalmente os sindicatos fixam um valor mensal a título de contribuição associativa, também chamada de mensalidade sindical. Tem como fundamento legal o art. 578, alínea *b*, da CLT, sendo que o montante e as demais condições são definidos no próprio estatuto.

Considerando que o sindicato é uma associação de direito privado,[189] assim como um clube, por exemplo, o mesmo acaba por oferecer benefícios aos seus associados, motivo pelo qual deve instituir a cobrança de um valor para custear tais benefícios. Assim, dita contribuição se destina a prestação de serviços pelo sindicato (função assistencialista) ao seu associado.

Após estes breves apontamentos acerca das contribuições sindicais atualmente previstas na legislação brasileira, passa-se a debater os parâmetros de reforma desse sistema custeio.

A reforma dessas questões tem recebido fortes entraves daqueles que se beneficiam deste sistema que lhes garante a manutenção de renda e poder. Ou seja, os atores sociais permanecem impondo forte resistência às mudanças e aos novos ideais, sempre em vista da manutenção de privilégios pessoais conquistados pelo discurso da preservação dos direitos dos trabalhadores.[190] Não raro a contribuição sindical acaba se tornando a única razão de existir de sindicatos, rotulados de sindicatos de fachada ou pelegos. São entes desprovidos de representação; despreocupados com o associativismo e o número de filiados; sem interesse na prestação de serviços e melhoria das condições de vida dos representados; com supostas lideranças que, de fato, carecem de legitimação e buscam apenas benefícios próprios por meio da garantia de emprego dos dirigentes e da arrecadação compulsória que lhes garante receita.

A contribuição sindical não pode ser imposta por lei, e sim acordada mediante instrumento coletivo. O caráter obrigatório, na forma de imposto, é insustentável diante dos parâmetros de liberdade sindical apregoados no mundo inteiro, questão esta já consolidada perante a OIT, principalmente em se tratando de nações tidas como democráticas. As contribuições aos sindicatos constituem, ou deveriam constituir, uma obrigação livremente assumida com base no associativismo.[191] O pagamento da contribuição representa cumprimento do estatuto e demais deliberações da entidade sindical.

---

[189] O sindicato se distingue das demais associações privadas em virtude, principalmente, de especificidades como o registro sindical e os respectivos poderes de representação.

[190] ROMITA, *op. cit.*, p. 39.

[191] GIUGNI, Gino. *Direito Sindical.* p. 83.

Nos casos de trabalhadores não filiados, deverá ser instituída uma cota de representação para cobrir os gastos do sindicato no exercício da representação, principalmente nas negociações coletivas. Afinal, utilizando como regra geral a aplicação do contrato coletivo a todos os trabalhadores do respectivo âmbito de atuação sindical, filiados ou não, seria injusto que estes últimos não arcassem com os custos da negociação e dela se beneficiassem. Esta sistemática está prevista na Lei Sindical Argentina, em específico no art. 9º da Lei 14.250:

> Las cláusulas de la convención por las que se establezcan contribuciones a favor de la asociación de trabajadores participantes, serán válidas no sólo para los afiliados, sino también para los no afiliados comprendidos en el ámbito de la convención.

Entretanto, tendo vista a plena observância da liberdade sindical, deve ser possibilitado ao trabalhador individual não filiado, ou filiado a outra entidade, que se oponha à cota de representação. Nesse caso, a consequência será a renúncia aos benefícios da norma coletiva, constituindo uma exceção à regra geral de aplicação *erga omnes* do convênio coletivo.

Em se tratando das cotas de trabalhadores não filiados ou filiados a outro sindicato, é possível a utilização de dois sistemas: a) cobrar a cota de representação apenas dos não filiados, uma vez que os filiados já contribuem perante o ente sindical; b) cobrar a cota de representação de todos os trabalhadores representados, filiados ou não.

A discussão que se revela é a possibilidade de discriminação na primeira hipótese, uma vez que poderia, indiretamente, estar tratando de modo diverso os trabalhadores filiados dos não filiados, ou até mesmo forçando uma filiação. Embora ambos os sistemas sejam salutares, opina-se pelo primeiro, adotado no sistema sindical norte-americano. Isso porque privilegiar, até certo ponto, o trabalhador filiado ao sindicato é medida necessária para o próprio incentivo da coletivização entre os trabalhadores. Os benefícios decorrentes da campanha e atuação dos sindicatos devem ser gozados por aqueles que participam da entidade e nela acreditam, mediante filiação espontânea.

Nada mais justo do que oferecer benefícios para aqueles que colaboram com o sindicato, desde que não sejam violadas as garantias fundamentais de não discriminação, como, por exemplo, não se deve admitir a exigência da condição de filiado como requisito para o emprego, violando a liberdade do exercício profissional. Na Argentina, por exemplo, o art. 9º da Ley 14.250[192] prevê a possibilidade de se pac-

---

[192] *Articulo 9º. La convención colectiva podrá contener cláusulas que acuerden beneficios especiales en función de la afiliación a la asociación profesional de trabajadores que la suscribió. [...]*

tuarem cláusulas que estipulem benefícios especiais aos trabalhadores filiados à associação que subscreveu o convênio.

Portanto, conceder benefícios ou isentar o trabalhador sindicalizado, o qual já contribui com seu sindicato, da cota de representação é medida razoável, de favorecimento à sindicalização, e não representa discriminação nem violação da liberdade de filiação. Ressalte-se que, eventualmente, nos casos em que houver abusos, deverão os órgãos de fiscalização tomar as medidas necessárias para coibi-los.

No sistema espanhol, as entidades sindicais podem impor contribuições periódicas para a gestão do sindicato e como retribuição ao serviço. A cobrança específica dos gastos de representação sindical – *canon por negociación* – é considerada uma subespécie dessas contribuições, e abrange todos os trabalhadores situados naquele âmbito de representação, sejam eles filiados ou não. Em regra, são estipuladas mediante convênio coletivo, cuja previsão legal encontra-se no artigo 11 da Lols.[193] Além dessas contribuições, é possível a instituição de outras especiais, como aquela para o ingresso no sindicato ou para ocasiões extraordinárias.

Outra polêmica no que concerne ao tema receita sindical diz respeito ao desconto em folha da contribuição. A necessidade de autorização por escrito é a opção que mais se compatibiliza com os ditames da liberdade sindical, da proteção e intangibilidade do salário. Não se quer com isso desconsiderar a importância do desconto direto sobre o salário ao movimento sindical, uma vez que traduz a imprescindível regularidade das finanças das entidades sindicais. Porém, tal argumento não é suficiente para autorizar o desconto direto do salário do trabalhador contra a sua vontade, devendo ser garantido o direito de oposição individual ao desconto.

A exigência de autorização pelo trabalhador jamais pode ser confundida ou vista como uma conivência ao calote ou desvalorização desta importante fonte de receita do sindicato, pois o desconto em folha não se confunde com o não pagamento. Em outras palavras, em relação às contribuições sindicais, a impossibilidade do desconto salarial em folha pelo empregador contra a vontade do empregado não se confunde com o não pagamento. Assim, necessitando de autorização

---

[193] Artículo once. 1. En los convenios colectivos podrán establecerse cláusulas por las que los trabajadores incluidos en su ámbito de aplicación atiendan económicamente la gestión de los sindicatos representados en la comisión negociadora, fijando un canon económico y regulando las modalidades de su abono. En todo caso, se respetará la voluntad individual del trabajador, que deberá expresarse por escrito en la forma y plazos que se determinen en la negociación colectiva. 2. El empresario procederá al descuento de la cuota sindical sobre los salarios y a la correspondiente transferencia a solicitud del sindicato del trabajador afiliado y previa conformidad, siempre, de este.

Fundamentos do Direito Coletivo do Trabalho

do empregado para o desconto em folha das contribuições e o direito de oposição individual ao desconto, igualmente devem ser valorizados os mecanismos, inclusive judiciais, de cobrança dos trabalhadores inadimplentes, isso quando o estatuto não previr outras penalidades àqueles inadimplentes contumazes.

2.6. Negociação coletiva

Mediante a estrutura sindical em referência, é possível que no Brasil a regra seja a existência de poucos sindicatos, fortes e representativos, tornando factível uma intensa valorização da negociação coletiva. A magia da negociação coletiva e, portanto, do seu resultado – o contrato coletivo – é a capacidade de se ajustar às necessidades específicas dos trabalhadores aos quais é aplicado. A contratação coletiva permite uma regulação dinâmica do trabalho, com a revisão e renegociação sempre que as partes desejem, principalmente em virtude de novas condições e oportunidades.[194] Em suma, a negociação coletiva deve ser realizada como um importante modo dinâmico de transformação e adaptação do Direito do Trabalho.

Os convênios coletivos devem ser firmados no âmbito de uma unidade de negociação, a qual, por sua vez, deve ser definida pelos trabalhadores acordantes. Também é desnecessária a imposição de limites legais estritos ao período de vigência de um contrato coletivo, como o faz a CLT em seu artigo 614, § 3º. Esta questão do período de vigência merece ficar ao livre arbítrio das partes, atendendo às suas especificidades e necessidades, desde que não adote prazo indeterminado ou demasiadamente extenso, por exemplo acima de cinco anos.

Um aspecto fundamental de valorização da negociação coletiva é o respeito à vigência de uma norma coletiva e a não integração ao contrato de trabalho, salvo expressa pactuação desse efeito. A norma coletiva possui aplicação limitada ao seu período de vigência, o qual é igualmente limitado. De modo algum se poderá estender a aplicação de uma norma coletiva para o período seguinte, seja quando realizado um novo pacto coletivo, seja quando não exista um novo acordo, salvo previsão expressa da norma.

Na primeira hipótese, existe uma sucessão de normas, sendo que o novo convênio vem a substituir o anterior. Na segunda situação,

---

[194] ESTLUND, Cynthia L. Is the national labor relations act an outmoded statute in the 21st century? *Labor Law Journal*. 2006 Oct 1;57(3): 148-157. In: ABI/INFORM Global. 2008 Dec 10. Disponível em: http://www.proquest.com/.

a inexistência de um novo acordo denota uma divergência entre as partes, a qual deve ser exaustiva e autonomamente resolvida, entre os atores do mundo laboral, mediante negociação, que resta prejudicada quando se pensa na integração de normas coletivas que perderam vigência.

A justificativa para tanto é singela, uma vez que todo pacto coletivo está pautado em um equilíbrio, conforme as matérias regulamentadas, as quais necessariamente estão interligadas de modo que a não aplicação de alguma delas pode levar ao questionamento sobre a aplicação de outras.[195] Ou seja, um convênio coletivo deve ser sempre visto como um todo, justamente pela sua natureza negocial, argumento já consolidado a partir da teoria do conglobamento, adotado pelo Tribunal Superior do Trabalho. A inclusão ou exclusão de normas poderá resultar no desequilíbrio desse convênio, retirando-lhe, assim, o que há de mais importante, vale dizer, a sua legitimação.

Na situação de normalidade, a vinculação das partes à norma coletiva pressupõe o acordo de vontades, sendo descabida a intervenção de outrem. Assim, a eficácia de uma norma coletiva deve ser integral e limitada no tempo, salvo se as próprias partes previrem a sua integração na ausência de norma posterior, hipótese em que prevalece aquilo que foi pactuado entre os interessados, nos seus exatos termos. Nesse aspecto, é salutar a jurisprudência do Tribunal Superior do Trabalho, consubstanciada na sua Súmula nº 277,[196] na qual prepondera o resguardo da limitação da vigência de normas coletivas, evitando-se a repercussão nos contratos individuais de trabalho de forma definitiva.

Porém, devem ser sopesadas duas ressalvas acerca da Súmula 277 do TST. A primeira é que a sua aplicação tem sido limitada pelo próprio TST, que passou a considerar os efeitos de cada cláusula, individualmente, separando-as em normas intrinsicamente definitivas ou não. A segunda é que, embora a força normativa das súmulas do TST, formalmente não tem efeito vinculante, abrindo espaço para decisões que contrariam o entendimento referido.

De todo modo, este é mais um tema que tem sido objeto de infindáveis discussões envolvendo a natureza jurídica e os efeitos das normas coletivas, e que precisa ser revisto. O art. 611 da CLT afirma

---

[195] OJEDA AVILÉS, Antonio. *Compendio de derecho sindical.* p. 30.

[196] Nº 277 SENTENÇA NORMATIVA. VIGÊNCIA. REPERCUSSÃO NOS CONTRATOS DE TRABALHO (mantida) – Res. 121/2003, DJ 19, 20 e 21.11.2003.
As condições de trabalho alcançadas por força de sentença normativa vigoram no prazo assinado, não integrando, de forma definitiva, os contratos.

o caráter normativo das cláusulas de um acordo ou convenção coletiva, o que igualmente está contemplado no art. 613, inciso IV, da CLT, ao passo que a doutrina faz uma distinção entre cláusulas obrigacionais e normativas, podendo atribuir efeitos diversos para cada tipo de norma, principalmente no tocante à sua projeção após o término de vigência. Por tais razões, entende-se que a eficácia de uma norma coletiva deve ser integral e limitada no tempo, respeitada a possibilidade de haver um acordo expresso dispondo em contrário, formulado pelas próprias partes do convênio coletivo.

Por último, cabe destacar uma ampliação do papel da negociação coletiva não apenas vinculada aos reajustes salariais e ao tempo de jornada, mas englobando os mais diversos aspectos das relações trabalhistas, como benefícios e assistências, cursos de capacitação profissional, proteção contra a automação, proteção em face de discriminações, igualdade substancial entre homem e mulher, entre outros, tema que será novamente abordado no terceiro capítulo.

2.7. A coordenação de interesses e o dever de cooperação

A atuação do sindicato, seja de trabalhadores ou patronal, deve ser pautada pela coordenação de interesses, o que é plenamente possível sem desconsiderar a posição contrária que ocupa cada uma das partes. É necessária a existência de um dever de cooperação entre as partes, principalmente quando em questão uma negociação coletiva.

Guardados os devidos contornos, é possível suscitar o denominado véu da ignorância – posição original – de Rawls.[197] O ideal é que os participantes de uma negociação coletiva no âmbito laboral se desprendam da posição que ocupam para que possam negociar de forma mais isenta e compreensiva em prol do benefício de todos, trabalhadores e empresas. É preciso que entendam e se coloquem na posição do outro. Nas palavras de Rawls, "devemos, de algum modo, anular as consequências de contingências específicas que geram discórdia entre os homens, tentando-os a explorar as circunstâncias sociais e naturais em benefício próprio".[198]

Em suma, trata-se da utilização de um artifício da razão, que é hipotético, mas que serve como importante instrumento em um procedimento de escolha como o é a formulação de um pacto coletivo

---

[197] RAWLS, John. *Uma teoria da justiça.* Trad. Jussara Simões. 3.ed. São Paulo: Martins Fontes, 2008. p.165.

[198] RAWLS, John. *Uma teoria da justiça.* p.166.

de trabalho. Novamente, corroboram-se os ensinamentos de Rawls: "Para que a posição original gere acordos justos, as partes devem estar situadas de maneira equitativa [...]. A arbitrariedade do mundo deve ser corrigida por um ajuste das circunstâncias da posição contratual inicial".[199] Portanto, os agentes coletivos devem despir-se de atributos que, *a priori*, contrariem ou prejudiquem este espírito de coordenação de interesses, como, por exemplo, a utilização de força ou ameaças.

O dever de cooperação tem sido intensamente apregoado por décadas, embora a realidade demonstre a sua parcial efetividade. Em outras palavras, a verdadeira cooperação e solidariedade dificilmente saem do papel, principalmente na experiência nacional, não adentrando na vida e prática dos atores das relações coletivas de trabalho. Não se negam as experiências vivenciadas, como os contratos coletivos de solidariedade, nos quais se reduziram garantias em prol da manutenção de postos de trabalho, quando justificadas em razão de períodos de crise ou profunda transformação. Por certo que esses contratos pressupõem entidades sindicais fortes e atuantes para proceder neste tipo de negociação, sob pena de desequilíbrio e favorecimento unilateral.

Cabe destacar que, no exemplo citado, não se faz uma análise do mérito da questão, se é plausível a alteração da lei em prejuízo, *a priori*, do empregado; mas serve como exemplo do espírito de solidariedade, pautado na compreensão recíproca das partes acerca das condições e necessidades do outro. Tanto que da mesma forma, e principalmente, deve agir o empregador em face dos trabalhadores. Este modo de agir e pensar, de apurado apego ao ideal em detrimento das dificuldades práticas da sua implantação, indubitavelmente tem o condão de ensejar melhores resultados para empresários e trabalhadores do que o faz a posição de conflito. Vivencia-se uma era em que a cooperação, o trabalho em equipe e o envolvimento do empregado são fatores essenciais para o desenvolvimento da produtividade e, portanto, incremento econômico da atividade empresarial.

Convém não olvidar as vozes que sustentam a impossibilidade desta cooperação, muitas vezes tachada de utópica, por tratar-se de uma relação historicamente antagônica e conflitual. Este fundamento, porém, não serve para afastar a necessidade de se incrementar a referida cultura de cooperação nas relações coletivas de trabalho. Mesmo considerado-a uma utopia, é inegável sua precípua função, que é fazer com que a humanidade progrida. A aproximação do trabalhador, em uma espécie de cogestão e vínculo ao empreendimento, leva-o a

---

[199] RAWLS, John. *Uma teoria da justiça*. p. 172.

buscar avanços viáveis, de sorte a favorecer a empresa e seus trabalhadores, na medida do possível.

É impossível ter êxito em uma economia globalizada se empregados e empregadores mantiverem uma posição de conflito permanente, devendo ser estimulado mais diálogo e menos confrontação, enfim, uma coordenação de interesses. Tanto é assim que a própria mentalidade empresarial está reformulada, havendo inúmeros exemplos de valorização do bom profissional, remunerando-o adequadamente, investindo em sua qualificação e estimulando financeiramente mediante participação em resultados e prêmios. Trata-se do reconhecimento de que a saúde da empresa, incluindo a sua produtividade, está intimamente vinculada ao real interesse e à colaboração do trabalhador.

Sobre essa possibilidade, oportunas as palavras de Timellini:

A crescente participação – que se registra em toda a Europa – das relações de trabalho entre empregadores e trabalhadores e a contextual diminuição das características conflituais das relações industriais vêm expressos de modo muito claro no primeiro Relatório da Comissão Européia sobre relações industriais, mesmo que não se deva esquecer que o maior envolvimento dos trabalhadores não exclui certamente a possibilidade de recorrer ao conflito, mas privilegia simplesmente a busca de soluções compartilhadas por mais facilmente implementáveis com sucesso.[200]

Cabe esclarecer que, ao se falar de uma espécie de cogestão, está-se, na verdade, aguçando o sentido de cooperação, compreensão e participação do trabalhador na empresa, em prol do melhor resultado na atividade desenvolvida e, por consequência, melhor resultado para os próprios trabalhadores. Cabe destacar as ideias de Machado Filho, que situa a cogestão enquanto forma de colaboração harmoniosa, e não tanto de codecisão, entre empregador e empregado no âmbito empresarial, atenuando os efeitos da exploração do homem pelo homem.[201]

A cooperação evidenciada neste trabalho justamente objetiva oportunizar maiores ganhos aos trabalhadores à proporção que aumentarem os lucros ganhos e o desenvolvimento empresarial. Com isso não se pretende participação laboral direta na gestão empresarial, nem na composição da administração e órgãos de direção da empresa, mediante concessão de poderes decisórios aos representantes dos trabalhadores. Ainda que tal questão enseje considerável controvérsia

---

[200] TIMELLINI, Caterina. A participação dos trabalhadores na gestão das empresas no ordenamento comunitário. In FREDIANI, Yone. ZAINAGHI, Domingos Sávio [coord.]. *Relações de direito coletivo Brasil-Itália*. São Paulo: LTr, 2004. p. 235.

[201] MACHADO FILHO, Sebastião. A co-gestão na "empresa democrática". In TEIXEIRA FILHO, João de Lima [coord.]. *Relações coletivas de trabalho*. São Paulo: LTr, 1989. p. 91-93.

na doutrina juslaboral internacional[202] e guarde salutar relevância, por ora não se faz uma análise aprofundada por entender que a mesma ampliaria demasiadamente o debate proposto.

No ambiente de cooperação está inserido o incremento do dever de informação pelas partes durante toda a relação, mas principalmente quando da realização dos procedimentos de negociação. Nesse sentido, faz-se referência à Recomendação 163[203] da OIT, a qual desde 1981 destaca a importância de as partes disporem das informações necessárias para negociar, no sentido de constituir uma linguagem comum, entabular um diálogo social, diferente da mera existência de um transmissor e um receptor.[204]

O dever das partes de prestarem informações mútuas que fundamentem as argumentações e pretensões representa o agir de boa-fé dos atores sociais, condição exigida em qualquer relação jurídica que se estabeleça enquanto princípio geral de direito. Não há como se chegar ao consenso sem o completo conhecimento das bases negociais, muito menos é possível estabelecer negociação no escuro e de forma aleatória, demandando, portanto, a colaboração das partes. Por certo que correlato ao dever de informação está o dever de manter o sigilo das informações confidenciais, sob pena de responsabilização.

É inerente a este tema o dever das partes de agirem de boa-fé,[205] principalmente na sua vertente objetiva, o que não significa desconsiderar a importância da intenção das partes (boa-fé subjetiva). Objetiva porque analisa "[...] a relação de equilíbrio entre a prestação e contraprestação, à vista da concreta finalidade do contrato [...]".[206] Por exemplo, em uma negociação coletiva, eventual recusa a uma condi-

---

[202] MANGLANO, Carlos Molero. *Derecho Sindical.* p. 297.

[203] 7.1) En caso necesario, deberían adoptarse medidas adecuadas a las condiciones nacionales para que las partes dispongan de las informaciones necesarias para poder negociar con conocimiento de causa. 2) Con este objeto: a) a petición de las organizaciones de trabajadores, los empleadores -- públicos y privados -- deberían proporcionar las informaciones acerca de la situación económica y social de la unidad de negociación y de la empresa en su conjunto que sean necesarias para negociar con conocimiento de causa; si la divulgación de ciertas de esas informaciones pudiese perjudicar a la empresa, su comunicación debería estar sujeta al compromiso de mantener su carácter confidencial en la medida en que esto sea necesario; las informaciones que puedan proporcionarse deberían ser determinadas por acuerdo entre las partes en la negociación colectiva; b) las autoridades públicas deberían proporcionar las informaciones necesarias sobre la situación económica y social global del país y de la rama de actividad en cuestión, en la medida en que la difusión de tales informaciones no resulte perjudicial para los intereses nacionales.

[204] SUPIOT, Alain. *El derecho del trabajo.* Buenos Aires: Heliasta, 2008. p. 92-93.

[205] Ressalte-se o entendimento de que a boa-fé é mais ampla do que o dever de cooperação, haja vista que este, de regra, representa uma das funções daquela.

[206] MARTINS-COSTA, Judith. *A boa-fé no direito privado:* sistema e tópica no processo obrigacional. São Paulo: Revista dos Tribunais, 2000. p. 420.

Fundamentos do Direito Coletivo do Trabalho

ção pleiteada deve guardar uma justificação plausível pelo opositor, fundamentada e de acordo com o contexto negocial (circunstâncias fáticas, econômicas, jurídicas, etc.) e a finalidade da condição pleiteada. A boa-fé está presente sempre que se verificar o equilíbrio da pactuação.

Assim, é de grande relevância o dever de promover o direito de informação dos trabalhadores, nos seus diversos âmbitos. O conhecimento dos direitos e a informação sobre a gestão da empresa – democratização informativa da empresa –, permitem a participação do trabalhador e dão ensejo a que a negociação coletiva seja pautada em uma realidade mais concreta e específica,[207] o que atende aos ditames da boa-fé.

2.8. Melhores condições de vida para todos os trabalhadores

O sindicato moderno não se limita à promoção e defesa dos seus interesses no âmbito laboral, mas possui uma função institucional mais ampla dentro do Estado Democrático de Direito, que é a de proporcionar melhores condições de vida para todos os trabalhadores, o que reflete na melhoria de condições de toda a sociedade. Não se pode negar que isso representa um verdadeiro dever do sindicato.

Neste tópico se pode traçar um paralelo com o sindicalismo espanhol, no qual da própria Constituição nacional decorre esta missão mais ampla do sindicalismo. Na Espanha, embora o ordenamento jurídico reconheça que a função precípua dos sindicatos é a promoção e defesa dos interesses dos trabalhadores, destaca-se a orientação contida na Constituição Espanhola no sentido de que a missão do sindicato não se limita a isto, visto que é mais ampla. O sindicalismo está comprometido com o progresso econômico e social de todos os trabalhadores.[208]

---

[207] OJEDA AVILÉS, Antonio. *Compendio de derecho sindical.* p. 153.

[208] Constitución Española de 27 de diciembre de 1978. Artículo 7. Los sindicatos de trabajadores y las asociaciones empresariales contribuyen a la defensa y promoción de los intereses económicos y sociales que les son propios. Su creación y el ejercicio de su actividad son libres dentro del respeto a la Constitución y a la ley. Su estructura interna y funcionamiento deberán ser democráticos. Artículo 9. [...] 2. Corresponde a los poderes públicos promover las condiciones para que la libertad y la igualdad del individuo y de los grupos en que se integra sean reales y efectivas; remover los obstáculos que impidan o dificulten su plenitud y facilitar la participación de todos los ciudadanos en la vida política, económica, cultural y social.

Da mesma forma pode ser sopesado o movimento sindical argentino,[209] de realidade mais próxima à experiência brasileira e com louvável amplitude das finalidades sindicais, conforme retrata Etala:

> Las organizaciones sindicales argentinas persiguen un variado espectro de objetivos en el plano socioeconómico, cultural, asistencial y comunitário, sistemas de capacitación profesional y sindical, de servicios sociales para la cobertura de contingencias de salud, creación de infraestructuras apropiadas para el disfrute del tiempo libre a través de las práticas desportivas y del turismo social, funcionamento de escuelas, talleres y cursos especializados, constitución de cooperativas y mutualidades y, en suma, un vasto repertorio de medios adecuados para promover el mejoramiento del nivel y calidad de vida de los trabajadores y de sus familias.[210]

Esta finalidade decorre da própria *Ley de Asociaciones Sindicales* Argentina. O art. 2º da Lei nº 23.551 (*Ley de Asociaciones Sindicales*) trata das associações que "[...] tengan por objeto la defensa de los intereses de los trabajadores [...]". Os ditos "interesses dos trabalhadores" contido neste dispositivo é interpretado no sentido de ser tudo aquilo que se relacione com suas condições de vida e de trabalho.[211]

Dessa forma, o movimento sindical brasileiro deve seguir a mesma tendência, ampliando as finalidades e a atuação sindical, ultrapassando limitações referentes às condições de trabalho, sem lhes retirar a prioridade e importância devida, visando a um objetivo maior: melhores condições de vida para os trabalhadores e suas famílias. Não obstante, essa proposição será novamente debatida no terceiro capítulo, quando da análise dos sindicatos em prol da efetividade dos direitos fundamentais.

A reformulação da organização sindical brasileira tem como pilar a máxima e efetiva atenção à dignidade da pessoa humana, em específico a do trabalhador, de forma que restam inegáveis os avanços jurídicos e sociais em virtude da mobilização classista. Deve ser garantida a pluralidade sindical, não com o intuito de proliferação de sindicatos, situação fática existente na atual realidade brasileira, mas sim como forma de atingir a unidade, a coesão espontânea, a qual é instrumento insuperável de eficácia e eficiência.

Esse paradigma da estrutura sindical busca justamente o fortalecimento do sindicato, mesmo que as referidas mudanças necessárias, assim que realizadas, possivelmente vão gerar sangramentos sociais, demandando alguns anos para tornar efetivo o resultado pretendi-

---

[209] Oportuno ressaltar as altas taxas de sindicalização na Argentina, igualando e até mesmo superando os padrões europeus.

[210] ETALA, Carlos Alberto. *Derecho colectivo del trabajo*. p. 55.

[211] ACZEL, Maria Cristina. *Instituciones del derecho colectivo del trabajo*. p. 15.

Fundamentos do Direito Coletivo do Trabalho

do. Porém, para cogitar-se na continuidade do movimento sindical enquanto benefício para toda a coletividade, e não como privilégio de uma minoria, é preciso fortalecer as instituições sindicais brasileiras. É preciso torná-las verdadeiramente representativas e aptas a ostentar um poder autônomo de valoração dos interesses coletivos,[212] o qual permite o exercício dinâmico e apropriado de regulamentação do trabalho, compatibilizando a máxima proteção do trabalhador dentro daquele contexto econômico e social vivenciado.

Não restam dúvidas de que o "novo" mundo do trabalho não pode descartar os sindicatos e a organização coletiva de trabalho, uma vez que justamente deles necessita, pois permanecem as tensões e desigualdades nesta seara. O cenário econômico-social moderno e as constantes transformações, ao contrário do que se pode pensar, fortalecem o movimento sindical ao invés de extingui-lo, pois conferem extraordinária relevância às entidades sindicais enquanto elemento necessário a um Estado Democrático, em prol da dignificação dos trabalhadores.

Contudo, necessária se faz uma alteração na estrutura e no modo de atuação existente no Brasil, de modo que o sindicalismo seja efetivamente capaz de cumprir sua finalidade de escutar as vozes dos trabalhadores. Com o fim do engessamento da estrutura sindical pátria, será possível, inclusive, pensar na dimensão comunitária e internacional do Direito Coletivo do Trabalho, o que já é realidade em diversas nações, se não uma necessidade.

---

[212] OJEDA AVILÉS, Antonio. *Compendio de derecho sindical.* p. 27.

3. O sindicato em prol da efetivação dos direitos fundamentais

Analisando de forma sistemática a ordem jurídica brasileira, verifica-se a necessidade de os sindicatos promoverem a efetividade dos direitos fundamentais dos seus trabalhadores, como forma de enfrentamento dos fatores sociais decorrentes da globalização e da alteração no modo de produção. Tais fenômenos têm representado desemprego, instabilidade e insegurança, com o acúmulo de riquezas e o desenvolvimento tecnológico das grandes empresas em setores destacados, porém com uma insuficiente repercussão no bem-estar das pessoas, isso quando não ocorre o agravamento da já difícil situação.

Nesse contexto, os sindicatos não estão mais adstritos a aumentos salariais e melhores condições de trabalho, mas almejam melhores condições de vida, não apenas dos seus representados como da sociedade em geral, com base na solidariedade e na ação coletiva. É necessário que essas associações atuem como agentes promocionais dos direitos fundamentais, principalmente em face da real ineficácia do Estado no desempenho da função. Sendo assim, a abordagem proposta demanda uma análise da rotulada eficácia horizontal dos direitos fundamentais.

A reformulação da organização sindical brasileira tem como pilar a máxima e efetiva atenção à dignidade da pessoa humana, em específico a do trabalhador, sem perder de vista os avanços jurídicos e sociais que representa a mobilização classista. O sindicato moderno deve assumir novas responsabilidades, para voltar a ser concebido como a extensão da casa do trabalhador, irradiando cultura, arte, história, educação, cidadania, saúde, higiene, segurança, entre outras possibilidades.[213] A tendência nos sindicatos é enfatizar sua dimensão social, mediante ações organizativas.[214]

Assim, é preciso examinar a legitimação do sindicato na promoção dos direitos fundamentais, em específico dos direitos sociais (CF, art. 6º a 11º), tais como saúde, educação, trabalho, moradia e lazer.

---

[213] AROUCA, José Carlos. *O sindicato em um mundo globalizado.* São Paulo: LTr, 2003. p. 1003.

[214] LAIMER, Adriano Guedes. *O novo papel dos sindicatos.* São Paulo: LTr, 2003. p. 119.

Porém, o grau de vinculação e os limites à promoção desses direitos é uma questão que demanda cautela. Afinal, nessas hipóteses, os sindicatos atuam como associação privada, ou estarão fazendo as vias do Estado no âmbito categorial?

A promoção dos direitos fundamentais merece ser vista como um verdadeiro dever das entidades sindicais modernas para com a sua categoria, a sociedade e até mesmo o consolidado Estado Democrático, mediante ações positivas. Entretanto, a viabilidade e os limites dessas ações promocionais são questões que igualmente devem ser consideradas.

3.1. As relações sindicais

Antes de analisar as questões acerca da eficácia horizontal dos direitos fundamentais, é preciso estabelecer parâmetros iniciais sobre o papel dos sindicatos na sociedade. A atuação do sindicato se enquadra perfeitamente nos moldes de uma mera associação privada, ou existe alguma vinculação às atividades do Estado no âmbito categorial? Não se pode desconsiderar que os sindicatos diferem das demais associações, o que pode ser visto pelas suas prerrogativas sindicais. O sindicato não representa tão somente seus associados, mas toda uma categoria, inclusive com legitimidade para assinar acordos e convenções coletivas em favor de todos.[215]

Do ponto de vista formal, não resta dúvida de que os sindicatos são associações privadas, com a necessidade de efetuar o registro cartorário e obter personalidade jurídica de direito privado.[216] Não basta, porém, tal registro, pois é imprescindível a representação sindical, conferida através do registro perante o Ministério do Trabalho. É claro que, desde o advento da Constituição Federal de 1988, o referido órgão ministerial tem uma ação muito mais organizacional do que intervencionista, não mais adentrando no exame de mérito, apenas atuando na verificação das questões formais do registro e controle da unicidade. Tal outorga sindical é uma entre várias diferenciações que podem ser feitas entre o sindicato e a associação privada, face às prerrogativas de representação inerentes e as peculiaridades das funções daquele.

Na sociedade, os sindicatos desempenham atividades peculiares de representação da categoria, na sua maioria fruto de conquistas histó-

---

[215] NASCIMENTO, Amauri Mascaro. *Compêndio de direito sindical.* 3. ed. São Paulo: LTr, 2003. p. 228.

[216] CLT, Art. 511. "É lícita a associação para fins de estudo, defesa e coordenação dos seus interesses econômicos ou profissionais de todos os que, como empregadores, empregados, agentes ou trabalhadores autônomos ou profissionais liberais exerçam, respectivamente, a mesma atividade ou profissão ou atividades ou profissões similares ou conexas".

ricas. A par disso, surgem dificuldades em situar a atuação sindical no âmbito do direito público ou privado, isso se considerando ser possível afirmar uma distinção entre o público e o privado, questão esta que é valiosa e complexa, mas que foge ao objeto deste estudo. À medida que o sindicato desenvolve uma relação, de âmbito privado, com a sua categoria e demais atores do direito coletivo do trabalho, resta inegável uma ingerência pública. Os fundamentos da concepção publicista do sindicato residem no fato de essas entidades representarem e defenderem interesses públicos, da categoria, muitos deles indivisíveis.[217]

São constantes as referências situando o sindicato como órgão intermediário entre o Estado e a sociedade, como representante de uma categoria específica. Ou seja, nem apenas público, nem apenas privado. A atuação do sindicato na proteção, estudo, defesa e coordenação dos interesses da categoria (CLT, art. 511) pode ser confundida com a própria atividade do Estado perante seus súditos, *mutatis mutandis*. Em decorrência lógica, pode-se afirmar que o sindicato, perante a sua categoria, faz as vias do Estado, o que lembra, de forma remota, a *state action* norte-americana. Em outras palavras, seriam atividades típicas ou similares do Estado ou a ele atribuíveis ou equiparáveis, porém restritas a uma determinada dimensão categorial.

Considerando-se tal assertiva, sequer haveria necessidade de analisar a vinculação dos particulares aos direitos fundamentais, pois estaria em causa a reconhecida eficácia vertical desses direitos como medida necessária a amparar o confronto desigual entre o ser humano *versus* poder. Aliás, justamente deste confronto decorre a própria gênese dos direitos fundamentais, os quais têm, ou teriam, por destinatário direto apenas o Estado, considerando sua função precípua.

Contudo, entende-se que as relações sindicais não podem ser confundidas com a atuação estatal ou com o próprio Estado, mas representam uma verdadeira relação entre particulares, com peculiaridades específicas inerentes à natureza da relação, as quais, porém, não tem o condão de negar o caráter privado das entidades sindicais. Os sindicatos nada mais representam senão o pronunciamento ordenado das vozes dos trabalhadores, os quais previamente deliberam e unem forças para atuar perante outrem. Ou seja, são as vozes da categoria, dos trabalhadores, canalizadas por uma instituição privada, denominada de sindicato. Esta é a visão do que representam tais entidades, ainda que em um plano teórico, já que, na prática, é possível verificar algumas distorções dessa função precípua, agasalhadas por

---

[217] NASCIMENTO, Amauri Mascaro. *Curso de direito do trabalho*: história e teoria geral do direito do trabalho: relações individuais e coletivas do trabalho. p. 216.

vícios históricos do sistema sindical brasileiro, como, por exemplo, a contribuição compulsória.

As relações sindicais são relações de ordem privada, podendo ser imaginadas, abstratamente, na forma de um gigante que carrega, dentro de si, a vontade soberana da categoria e a representa frente aos demais atores, ou gigantes, do mundo do trabalho. Isso se dá devido às dificuldades de se tratar, individualmente e com todos, determinadas questões de suma relevância no âmbito das relações laborais. Em outras palavras, são pessoas físicas ou jurídicas de direito privado que estabelecem relações entre si, negociam, acordam, entre inúmeras outras possibilidades existentes.

Para complementar esta concepção privatista, corroboram-se os ensinamentos de Nascimento:

> Os sindicatos, nesta perspectiva, são considerados entes de direito privado, representam particulares, são criados exclusivamente por iniciativa destes, para a representação e defesa dos seus interesses.[218]

Na mesma linha é o entendimento de Arouca, que afirma que o sindicato é uma associação de direito privado, livre, sendo que a natureza de direito público tem importância meramente histórica.[219] Para não restar dúvida, Russomano esclarece, em estudo específico da questão, que o sindicato é pessoa de direito privado, ainda que exerça funções de interesse público, em colaboração com o Estado. Embora o sindicato represente os interesses coletivos da categoria, situando-o em uma posição mais dinâmica e complexa em relação a outros entes particulares, isto não o transforma em pessoa de direito público, pois os interesses dos grupos não se confundem com os interesses gerais do Estado.[220]

Dessa forma, nada mais acertado do que analisar a eficácia dos direitos fundamentais nas relações privadas, igualmente conhecida como eficácia horizontal. Além da eficácia jurídica, a proposição escolhida tem a pretensão de sustentar uma atuação sindical em prol da eficácia social dos direitos fundamentais, ou efetividade.

3.2. A vinculação dos particulares aos direitos fundamentais

Inicialmente, cumpre justificar a terminologia adotada. Não se olvida que o tema "direitos fundamentais" é igualmente referenda-

---

[218] NASCIMENTO, Amauri Mascaro. *Curso de direito do trabalho*: história e teoria geral do direito do trabalho: relações individuais e coletivas do trabalho. p. 216.

[219] AROUCA, José Carlos. *Curso básico de direito sindical*. p.19.

[220] RUSSOMANO, Mozart Victor. A natureza jurídica do sindicato. *In* TEIXEIRA FILHO, João de Lima [coord.]. *Relações coletivas de trabalho*. São Paulo: LTr, 1989. p. 224-227.

do sob diversas outras nomenclaturas, tais como direitos humanos, direitos individuais, liberdades públicas, liberdades fundamentais. O próprio tratamento da matéria na Constituição Federal de 1988 demonstra essa diversidade de significados, contendo, no texto da Carta, expressões como direitos humanos, direitos e garantias fundamentais, direitos e liberdades constitucionais.[221]

Uma distinção importante a ser feita diz respeito às expressões "direitos humanos" e "direitos fundamentais". Estes são direitos do ser humano positivados na ordem constitucional de determinado Estado, enquanto aqueles têm relação com os documentos de direito internacional, que aspiram à validade universal e possuem caráter supranacional, ligados às posições jurídicas que se reconhecem ao ser humano como tal, independentemente da vinculação com determinado Estado. Os direitos humanos referem-se ao ser humano enquanto tal, já os direitos fundamentais destinam-se a membros de determinado ente público. Há também uma terceira distinção em relação à nomenclatura "direitos do homem", os quais seriam direitos naturais não positivados na esfera do direito internacional. Contudo, não se pode negar a íntima ligação entre os termos referidos.[222]

Como síntese da questão em debate, destaca-se a seguinte conceituação:

> Direitos fundamentais são, portanto, todas aquelas posições jurídicas concernentes às pessoas, que, do ponto de vista do direito constitucional positivo, foram, por seu conteúdo e importância (fundamentalidade em sentido material), integradas ao texto da Constituição e, portanto, retiradas da esfera de disponibilidade dos poderes constituídos (fundamentalidade formal), bem como as que, por seu conteúdo e significado, possam lhe ser equiparados, agregando-se à Constituição material, tendo, ou não, assento na Constituição formal (aqui considerada a abertura material do Catálogo).[223]

Por fim, ressalta-se que o presente estudo analisa os direitos fundamentais, ou seja, consagrados na ordem jurídica interna. Tal característica representa o elemento nuclear para discorrer sobre a eficácia desses direitos, inclusive com a possibilidade de aplicação direta e imediata das normas constitucionais consagradoras de direitos fundamentais no Estado Brasileiro.

Portanto, para assumir a vinculação dos particulares aos direitos fundamentais, torna-se necessário estabelecer duas premissas. A primeira tem relação com os direitos sociais classificados como direitos

---

[221] SARLET, Ingo Wolfgang. *A eficácia dos direitos fundamentais.* 8. ed. rev. e atual. Porto Alegre: Livraria do Advogado, 2007. p. 33-34.

[222] Idem, p. 35-36.

[223] SARLET, Ingo Wolfgang. *A eficácia dos direitos fundamentais.* p. 91.

Fundamentos do Direito Coletivo do Trabalho

fundamentais dos cidadãos, cuja extensão não se restringe apenas ao rol dos artigos 6º e 7º da Carta de 1988, mas também inclui os artigos 8º a 11º da Constituição Federal. São fundamentais, repisa-se, tanto sob a ótica formal quanto pela visão material destes direitos sociais. A inovação da Carta Constitucional de 1988 é bem retratada por Sarlet:

> A acolhida dos direitos fundamentais sociais em capítulo próprio no catálogo de direitos fundamentais ressalta, por sua vez, de forma incontestável sua condição de autênticos direitos fundamentais, já que nas Cartas anteriores os direitos sociais se encontravam positivados no capítulo da ordem econômica e social [...].[224]

A segunda premissa é que tais direitos fundamentais gozam de eficácia imediata, nos termos do parágrafo primeiro do artigo 5º da Constituição Federal.[225] Ressalte-se que o referido dispositivo constitucional é bastante claro no sentido de atribuir eficácia imediata a todos os direitos e garantias fundamentais, o que necessariamente remete ao título II da Carta de 1988, dentre os quais se encontram os direitos sociais. Tal afirmação é mantida mesmo pela utilização de qualquer das formas de interpretação da norma ventilada, seja ela literal seja ela sistemática. O que não se admite é uma interpretação restritiva do referido dispositivo constitucional, por insustentável, *maxima venia*.

Sobre a questão, invocam-se os ensinamentos de Sarlet, considerando a coerência e solidez das argumentações expendidas:

> Convém recordar, ainda, que no capítulo reservado aos direitos fundamentais sociais em nossa Constituição foram contempladas algumas posições jurídicas fundamentais similares (pela sua função preponderantemente defensiva e por sua estrutura jurídica) aos tradicionais direitos de liberdade, como plasticamente dão conta os exemplos do direito de livre associação sindical (art. 8º) e do direito de greve (art. 9º), normas cuja aplicabilidade imediata parece incontestável, o que, por outro lado, também se aplica a diversos direitos dos trabalhadores elencados no art. 7º e seus respectivos incisos. Por estas razões, há como sustentar, a exemplo do que tem ocorrido na doutrina, a aplicabilidade imediata (por força do art. 5º, §1º, de nossa Lei Fundamental) de todos os direitos fundamentais constantes do Catálogo (arts. 5º a 17), bem como dos localizados em outras partes do texto constitucional e nos tratados internacionais.[226]

Para todos os efeitos, cumpre considerar que a aplicação dos direitos fundamentais não pode encontrar qualquer óbice no ordenamento jurídico pátrio. São reconhecidas as diversas teorias sobre a denominada eficácia direta ou imediata dos direitos fundamentais. Entretanto, não se busca neste trabalho um exame analítico dos direitos sociais para definir o grau de normatividade de cada posição jurídica, mas importa consolidar que todas as normas constitucionais

---

[224] SARLET, Ingo Wolfgang. *A eficácia dos direitos fundamentais.* p. 79.

[225] [...] § 1º As normas definidoras dos direitos e garantias fundamentais têm aplicação imediata.

[226] SARLET, Ingo Wolfgang. *A eficácia dos direitos fundamentais.* p. 275-276.

produzem efeitos, em maior ou menor grau. Ressalva-se, também, que ao afirmar a eficácia imediata dos direitos fundamentais não significa a aplicação integral de todas as normas inseridas no art. 7º da Constituição, independentemente do grau de normatividade ou reserva legal conferida pela própria norma constitucional.

Assim, a proposta deste trabalho está concentrada na possibilidade de investir as entidades sindicais na atribuição constitucional de promover os direitos fundamentais, tanto quanto for necessário para torná-los reais e efetivos, ainda que tal atribuição possa ser apenas subsidiária, nos casos em que constituir tarefa primeira dos poderes públicos.

A partir daí, cumpre trazer algumas noções acerca da eficácia horizontal dos direitos fundamentais. Essa nomenclatura é frequentemente criticada, se analisada com rigor terminológico, sendo menos conflituosa a adoção do termo eficácia dos direitos fundamentais nas relações privadas. Até porque no âmbito das relações privadas se verifica, cada vez mais, a concentração de poder e o estado de sujeição entre particulares, situação que nada teria de horizontalidade. De todo modo, não obstante as discussões meramente terminológicas, trata-se de um fenômeno representado na percepção objetiva acerca dos direitos fundamentais, os quais obrigam tanto o Estado quanto os particulares não apenas a respeitar como também a promover os direitos fundamentais, mesmo nas relações privadas.

Portanto, em vez dos direitos fundamentais resguardarem o indivíduo apenas frente ao Estado, passam também a ser opostos perante os particulares. As normas de direitos fundamentais igualmente influenciam na relação entre particulares (cidadão/cidadão).[227] O tema eficácia horizontal teve início na Alemanha, com o *drittwirkung der grudrechte*.[228] Inclusive, é de origem alemã a própria expressão eficácia horizontal entre particulares, *horizontalwirkung,* servindo de distinção a conhecida eficácia vertical, cuja referência se dava para a relação entre os particulares e o Estado.

A partir do Estado Social, passou-se a pensar na eficácia horizontal dos direitos fundamentais, uma vez que restaram ampliadas as atividades do Estado, bem como a sociedade entrou em transformação, aumentando sua participação no exercício do poder. Abandonaram-se as concepções do Estado Liberal,[229] de distinção rígida entre o público

---

[227] ALEXY, Robert. *Teoria dos direitos fundamentais.* Trad. Virgílio Afonso da Silva. São Paulo: Malheiros, 2008. p. 524.

[228] Eficácia perante terceiros.

[229] En esse marco, um regimén liberal al servicio de los intereses de la burguesía, las libertades sólo se protegen frente a lo que se percibe como su principal amenaza, las possibles interferencias

e o privado, de separação entre o Estado e a sociedade, não mais sendo suficiente a proteção apenas contra as ingerências estatais,[230] haja vista a irradiação concreta dos direitos fundamentais perante todo o ordenamento jurídico. Nesse contexto, premente é a necessidade de proteção dos direitos fundamentais também contra os atos atentatórios promovidos por particulares. Além da proteção e ao respeito, os direitos fundamentais consagram, em sua raiz, verdadeiros valores, os quais precisam ser também promovidos.

No campo laboral, o reconhecimento da eficácia horizontal dos direitos fundamentais é bem retratado nas palavras de Cosmópolis:

> Y es que el reconocimiento actual de la "eficacia horizontal" de los derechos fundamentales entre particulares – y nó solo frente al Estado en lo que se denomina "eficacia vertical" – conlleva la posibilidad de exigir el respeto de los mismos en cualquier ámbito o lugar, en tanto se permite que todos los particulares reclamen el ejercicio de los derechos reconocidos a nivel constitucional a terceros, ya sean éstos poderes públicos o privados.[231]

A questão da eficácia horizontal parece não mais ensejar dúvida quanto ao seu reconhecimento, inclusive por restar claro que o Estado não é o único capaz de violar direitos fundamentais dos cidadãos. É comum, na maioria das Constituições existentes, a previsão de direitos fundamentais destinados aos particulares. A seara trabalhista é justamente um dos melhores exemplos disso.

Na experiência brasileira, diversos direitos sociais previstos no artigo sétimo da Carta de 1988 podem ser diretamente destinados aos empregadores, ou seja, aos particulares. Apenas a título ilustrativo, citam-se o inciso VI, que prevê a irredutibilidade salarial; o inciso VIII, que determina o pagamento do décimo terceiro salário pelo empregador; o inciso XV, que trata do repouso semanal remunerado; e o inciso XVII, que garante aos trabalhadores o gozo de férias anuais e com remuneração acrescida de um terço.

---

del poder político. Son los poderes públicos, y la Administración en primer lugar, los enemigos potenciales de las recién conquistadas libertades. De ahí el énfasis en la ideia de autolimitación del Estado, un mal necesario que es preciso controlar. Precisamente porque son los poderes públicos los únicos que están obligados a respetar las libertades constitucionales, hablamos hoy de su posible "eficacia frente a terceros", esto es, frente a personas o entidades ajenas, en principio, a la relación jurídica bilateral establecida entre el ciudadano y el Estado. UBILLOS, Juan María Bilbao. ¿En qué medida vinculan a los particulares los derechos fundamentales? In SARLET, Ingo Wolfgang [*et al.*]. *Constituição, Direitos Fundamentais e Direito Privado*. 2. ed. rev. e ampl. Porto Alegre: Livraria do Advogado, 2006. p. 302.

[230] SARLET, Ingo Wolfgang. *A eficácia dos direitos fundamentais*. p. 402.

[231] COSMÓPOLIS, Mario Pasco. Tendencias constitucionales em materia laboral. *In* AZEVEDO, André Jobim de. *Anais do Congresso Internacional de Direito do Trabalho e Direito Processual do Trabalho*. Curitiba: Juruá, 2007. p. 194.

A proximidade entre a noção de eficácia horizontal e as relações de trabalho é desenhada, com muita propriedade, por Ubillos:

> A nadie puede sorprender, por tanto, que la génesis y el desarollo más fecundo de la teoría de la Drittwirkung haya tenido como escenario el campo de las relaciones laborales. Esa especial receptividad no es casual: se explica por la nota de subordinación intrínseca al cumplimiento de la prestación por el trabajador. Aunque la empresa ha dejado de ser una zona franca en la que el empresario ejerce una autoridad indiscutida y hemos asistido en las últimas décadas a un proceso de penetración de la Constitución dentro de las fábricas y de progresivo reconocimiento de los derechos fundamentales de los trabajadores en tanto que ciudadanos, lo cierto es que, como organización económica, estructurada jerárquicamente, la empresa genera una situación de poder y, correlativamente, otra de subordinación. Los poderes del empresario (el poder de dirección y el disciplinario) constituyen, por tanto, una amenaza potencial para los derechos fundamentales del trabajador, dada la furte implicación de la persona de éste en la prestación laboral.[232]

Em se tratando da vinculação dos particulares, cabe referir a Constituição da República Portuguesa como exemplo do expresso reconhecimento da eficácia horizontal. A mencionada Constituição, em seu artigo 18/1,[233] consagra expressamente a vinculação dos direitos fundamentais também aos particulares. Entretanto, a medida dessa vinculação ainda é questão que enseja diversos debates, o que igualmente ocorre no Brasil, onde sequer existe previsão expressa como a referida. Também diversos tratados internacionais de direitos humanos estendem seu alcance aos particulares e à esfera privada, como, por exemplo, *La Convención sobre los Derechos del Niño*, *La Convención para la Eliminación de Todas las Formas de Discriminación contra la Mujer*, entre outros.[234]

O tema vinculação dos particulares aos direitos fundamentais possui íntima conexão com a questão da eficácia imediata ou mediata de tais direitos. Essa distinção pode ser sintetizada pela necessidade ou não de intervenção legislativa ou judiciária para a incidência dos direitos fundamentais na esfera privada. Ou seja, a eficácia mediata enquanto uma vinculação dos particulares aos direitos fundamentais mediante a elaboração de leis no direito privado ou pela interpretação destas pelos Julgadores. Já eficácia imediata, quando tal incidência ocorrer de forma direta, vale dizer, independentemente da intermediação pelo legislador ou pela atividade jurisdicional.

---

[232] UBILLOS, Juan María Bilbao. ¿En qué medida vinculan a los particulares los derechos fundamentales? p. 304.

[233] Artigo 18º - 1. Os preceitos constitucionais respeitantes aos direitos, liberdades e garantias são directamente aplicáveis e vinculam as entidades públicas e privadas.

[234] COURTIS, Christian. La eficacia de los derechos humanos en las relaciones entre particulares. *In* SARLET, Ingo Wolfgang [*et al*.]. *Constituição, Direitos Fundamentais e Direito Privado*. 2. ed. rev. e ampl. Porto Alegre: Livraria do Advogado, 2006. p. 409-414.

Fundamentos do Direito Coletivo do Trabalho

Assim, reitera-se a premissa já aludida no sentido de que a eficácia horizontal, no sistema jurídico pátrio, deve ser vista sob a teoria da eficácia imediata, considerando o grau de normatividade de cada posição jurídica. Inclusive, tal vinculação direta, no caso brasileiro, é uma questão de necessidade. Deve ser feito todo o possível para tornar efetivos os direitos fundamentais, sendo que a esta regra vinculam-se os entes públicos e privados.

Em uma análise minuciosa da questão, evidencia-se a compatibilidade entre admitir a eficácia imediata dos direitos fundamentais nas relações privadas e a irradiação dos seus efeitos pela lei infraconstitucional. Um conceito não exclui o outro, até porque o mais adequado é justamente a concretização desses direitos pelo legislador, solução constitucionalmente adequada, embora diante de uma lacuna se possa aplicar diretamente a norma fundamental,[235] observado o seu grau de normatividade. Disto não devem decorrer distorções no sentido de inaplicabilidade, contrariedade ou irrelevância das normas de Direito Privado, o que em nenhum momento é sustentado neste trabalho.

Existe uma forte vinculação do julgador ao Direito Privado. O que não significa excluir a possibilidade de prescindir de tal aplicação, seja com base em direitos fundamentais, seja em outra fonte normativa, nos casos em que se acentuará rigorosamente a necessidade de uma relevante argumentação jurídica,[236] apta a justificar tal conduta excepcionalíssima. O que não se admite é a tentativa de impor a intervenção do legislador como justificativa para atribuir uma eficácia mediata aos direitos fundamentais, principalmente na experiência brasileira, na qual existem diversas normas fundamentais com elevado grau de normatividade e dispositivo constitucional que consagra expressamente a aplicação imediata dos direitos fundamentais.

Mesmo sendo oportuno e razoável que o legislador projete as normas de direitos fundamentais nas relações entre particulares, o que deve ser respeitado, tal fato não exclui outras hipóteses, como, por exemplo, uma intervenção judicial,[237] repita-se, ampla e devidamente fundamentada, o que não deve ser confundido com a banalização deste procedimento, a qual tem ensejado distorções frequentemente vivenciadas na realidade brasileira. Restringir a percepção desta matéria a uma teoria mediata ou indireta gera o enorme risco de macular

---

[235] UBILLOS, Juan María Bilbao. ¿En qué medida vinculan a los particulares los derechos fundamentales? p.319.

[236] ALEXY, Robert. *Teoria dos direitos fundamentais*. p. 541.

[237] STEINMETZ, Wilson. *A vinculação dos particulares a Direitos Fundamentais*. São Paulo: Malheiros, 2004. p. 145.

frontalmente os direitos fundamentais postos em questão. Igualmente, restaria esvaziada a norma do parágrafo primeiro do artigo quinto da Constituição Federal de 1988.

Convém mencionar a denominada teoria dos deveres de proteção,[238] ainda que atrelada a uma eficácia indireta, a qual roga que a conciliação entre os direitos fundamentais e a autonomia privada deve ser realizada pelo legislador e, subsidiariamente, pelo judiciário. Este, no caso de verificar uma fragilidade na proteção dos direitos pelo legislador, deve zelar por não cometer excesso e por não pecar pela insuficiência. Os direitos fundamentais do indivíduo geram, para o Estado, um dever de proteção, tanto em face do próprio Estado quanto em face dos particulares, como também um dever de realização desses direitos.

Com base na teoria aludida, refere Steinmetz que cabe ao poder estatal, primeiro ao Poder Legislativo e, subsidiariamente, ao Poder Judiciário, proteger os direitos fundamentais da violação provocada por outros particulares, considerando a função dos direitos fundamentais enquanto direitos à proteção do particular (deveres de proteção do Estado). No caso dos direitos fundamentais enquanto direitos de defesa, o Estado figura como sujeito passivo e intervém nas relações entre particulares para proteger os direitos fundamentais de violações unilaterais ou recíprocas (entre particulares), apenas de modo excepcional e justificadamente.[239]

Por que não estender este pensamento para incluir uma responsabilidade do sindicato, subsidiariamente, na proteção dos direitos fundamentais violados por outro particular – um empregador, por exemplo –, ou, ainda, na promoção de direitos fundamentais? Parece ilógico pensar de forma contrária, como se não existisse qualquer responsabilidade das entidades sindicais de respeitar, proteger e efetivar os direitos fundamentais no âmbito categorial. A não aplicabilidade direta dos direitos fundamentais nas relações estabelecidas entre os particulares fere a ordem jurídica constitucional, fundada no princípio da dignidade da pessoa humana, sobre a qual assenta o ordenamento jurídico. Por certo ficam aqui ressalvados aqueles direitos fundamentais cujos destinatários exclusivos são os poderes públicos, como, por exemplo, os direitos políticos.

Dessa forma, citam-se fundamentos da teoria da eficácia imediata ou direta, a qual é adotada no presente trabalho, justamente como substrato para atribuir ao sindicato o dever de dar efetividade aos

---

[238] CANARIS, Claus-Wilhelm. *Direitos Fundamentais e Direito Privado*. Trad. Ingo Wolfgang Sarlet e Paulo da Mota Pinto. Coimbra: Almedina, 2006. p. 28-36.

[239] CANARIS, Claus-Wilhelm. *Direitos Fundamentais e Direito Privado*. p. 151-152.

direitos fundamentais perante sua categoria. A base desse pensamento reside na afirmação de que a sociedade e seus grupos sociais detêm um poder real que se impõe aos indivíduos, assim como Estado, poder igualmente capaz de afetar duramente aspectos relevantes da vida e da dignidade das pessoas que compõem tal sociedade. O fenômeno do poder privado é bem retratado por Ubillos:

> Hoy como ayer la realidad desmiente la existencia de una paridad jurídica en buena parte de los vínculos entablados entre sujetos privados. El Derecho privado conoce también el fenómeno de la autoridad, del poder, como capacidad de determinar o condicionar jurídicamente o de facto las decisiones de otros, de influir eficazmente en el comportamiento de otros, de imponer la propia voluntad. Basta con mirar alrededor y observar atentamente la realidad que nos rodea. Es un hecho fácilmente constatable la progresiva multiplicación de centros de poder privados y la enorme magnitud que han adquirido algunos de ellos. Representan en la actualidad una amenaza nada desdeñable para las libertades individuales. El poder ya no está concentrado en el aparato estatal, está disperso, diseminado en la sociedad. Al fin y al cabo, el fenómeno del poder como expresión de una situación de desigualdad es indisociable de las relaciones humanas, es inherente a toda organización social.[240]

Ressalte-se que, por meio de tais afirmações, buscou-se mais retratar uma realidade do que restringir, de qualquer modo, a eficácia imediata dos direitos fundamentais apenas às relações desiguais entre particulares. Isso porque tal eficácia é inerente a todos os direitos fundamentais, mesmo em se tratando de relações entre iguais. Sobre a questão, merecem louvor as conclusões apresentadas por Steinmetz:

> No marco normativo da CF, direitos fundamentais – exceto aqueles cujos sujeitos destinatários (sujeitos passivos ou obrigados) são exclusivamente os poderes públicos – vinculam os particulares. Essa vinculação se impõe com fundamento no princípio da supremacia da Constituição, no postulado da unidade material do ordenamento jurídico, na dimensão objetiva dos direitos fundamentais, no principio constitucional da dignidade da pessoa humana (CF, art. 1º, III), no princípio constitucional da solidariedade (CF, art. 3º, I) e no princípio da aplicabilidade imediata dos direitos e das garantias fundamentais (CF, art. 5º, §1º).[241]

Neste contexto, é importante mencionar que as cláusulas gerais e os conceitos indeterminados, uma antiga tendência que hoje está concretizada no âmbito do direito privado, representam uma via de intervenção na relação entre particulares e de concretização dos direitos fundamentais. No entanto, trata-se de promoção dos direitos fundamentais de forma indireta no âmbito dos particulares, por meio do legislador e do juiz, sendo de grande relevância para o ordenamento jurídico, mas não permitindo negar a existência de uma eficácia direta.

---

[240] UBILLOS, Juan María Bilbao. ¿En qué medida vinculan a los particulares los derechos fundamentales? p. 303.

[241] STEINMETZ, Wilson. *A vinculação dos particulares a Direitos Fundamentais*. p. 295.

Enfim, corroboram-se os ensinamentos de Sarlet, ao sustentar uma vinculação *prima facie* também dos particulares aos direitos fundamentais. A justificativa desse entendimento, na realidade nacional, está na previsão expressa da aplicabilidade direta, imediata, das normas definidoras de direitos e garantias fundamentais. Isso não se contrapõe à exigência de uma análise tópico-sistemática, pautada nas circunstâncias específicas do caso concreto, nas hipóteses de ocorrer um conflito entre direitos fundamentais e o princípio da autonomia privada. Essa hipótese deve ser tratada de forma similar àquelas situações de colisão entre direitos fundamentais de diversos titulares. Ou seja, deve-se buscar uma solução norteada pela ponderação dos valores em pauta, almejando obter um equilíbrio de concordância prática, o que significa, em última análise, o não sacrifício completo de qualquer dos direitos fundamentais, bem como a preservação da essência de cada um, na medida do possível.[242]

A aplicação direta dos direitos fundamentais nas relações entre particulares não pressupõe afastar ou ignorar a legislação no âmbito privado. Pelo contrário, deve ocorrer quando não há uma mediação legislativa ou desta sequer há necessidade, bem como quando tal mediação tenha se mostrado insuficiente para a finalidade buscada. Não se pode simplesmente abandonar os próprios preceitos constitucionais que impõem a composição de conflitos entre particulares mediante uma prévia opção legislativa, o que é a regra e assim deve ser considerada. Porém, não se trata de algo em absoluto, haja vista as hipóteses excepcionais como, por exemplo, a insuficiência da lei.[243]

A eficácia dos direitos fundamentais nas relações privadas já foi declarada pelo Supremo Tribunal Federal Brasileiro:

> SOCIEDADE CIVIL SEM FINS LUCRATIVOS. UNIÃO BRASILEIRA DE COMPOSITORES. EXCLUSÃO DE SÓCIO SEM GARANTIA DA AMPLA DEFESA E DO CONTRADITÓRIO. EFICÁCIA DOS DIREITOS FUNDAMENTAIS NAS RELAÇÕES PRIVADAS. RECURSO DESPROVIDO. I. EFICÁCIA DOS DIREITOS FUNDAMENTAIS NAS RELAÇÕES PRIVADAS. As violações a direitos fundamentais não ocorrem somente no âmbito das relações entre o cidadão e o Estado, mas igualmente nas relações travadas entre pessoas físicas e jurídicas de direito privado. Assim, os direitos fundamentais assegurados pela Constituição vinculam diretamente não apenas os poderes públicos, estando direcionados também à proteção dos particulares em face dos poderes privados. [...].[244]

---

[242] SARLET, Ingo Wolfgang. *A eficácia dos direitos fundamentais.* p. 408.

[243] SARLET, Ingo Wolfgang. *Direitos fundamentais sociais, mínimo existencial e direito privado. Revista de Direito do Consumidor*, ano 16, n. 61, jan. mar. de 2007, 91-125. p. 111.

[244] BRASIL. Supremo Tribunal Federal. Recurso Extraordinário. Nº 201819. Ministro-Relator Ellen Gracie. Sendo recorrente União Brasileira de Compositores – UBC e recorrido Arthur Rodrigues Villarinho. In *Diário Oficial da União* – 27/10/2006. Disponível em <http://www.stf.gov.br>. Acesso 9/11/2007.

É certo que sempre ocorrerão conflitos decorrentes da aplicação dos direitos fundamentais, em maior ou menor escala, inclusive como consequência da ordem jurídica principiológica estabelecida no sistema jurídico nacional, o que remete as soluções ao caso concreto, utilizando a importantíssima ponderação axiológica.

Dessa forma, dos fundamentos expostos busca-se a eficácia imediata dos direitos fundamentais nas relações privadas. A partir do reconhecimento da eficácia horizontal direta dos direitos fundamentais, é possível avançar na questão para tratar, com mais especificidade, da vinculação dos sindicatos aos direitos fundamentais.

3.3. A vinculação dos sindicatos aos direitos fundamentais

Os sindicatos enquanto entidades de direito privado estão vinculados aos direitos fundamentais, direitos estes que surtem efeitos diretos e imediatos relativamente aos particulares. Essa vinculação não se limita ao enfoque das liberdades negativas. Não se quer com isso afirmar tão somente que os sindicatos não podem violar direitos fundamentais, pois tratar a questão dessa forma significa falar o óbvio. É difícil aceitar uma fundamentação no sentido de que os particulares, como, por exemplo, um sindicato, poderiam simplesmente violar as garantias fundamentais postas na Constituição Federal, independentemente da teoria adotada sobre a eficácia horizontal.

Faz-se necessário estender a presente abordagem para afirmar um verdadeiro dever dos sindicatos na promoção dos direitos fundamentais da categoria, inclusive como um direito subjetivo dos sindicalizados, exigível da entidade sindical. Por certo que traduz maior compatibilidade com o atual sistema uma responsabilidade subsidiária do sindicato, considerando que é o Estado, na figura do seu legislador, o primeiro e mais importante agente promocional dos direitos e garantias fundamentais, pelo menos em tese.

Portanto, o tema, ora proposto, da vinculação dos sindicatos aos direitos fundamentais pode ser tratado sob diversas óticas. Em um primeiro plano, e o mais simples de todos, significa que as ações sindicais, em concreto, não podem violar direitos fundamentais, pois as condutas do sindicato enquanto ente de direito privado devem respeitar tais garantias. Porém, é insuficiente o mero respeito aos direitos fundamentais pelo sindicato, o que exige, em um segundo plano, a promoção desses direitos na vida dos trabalhadores. Isto envolve a adoção de condutas, pelo próprio sindicato em prol desse objetivo, pautadas no associativismo, bem como a exigência e negociação perante os empregadores de normas e condições para efetivação desses direitos, com substrato nas relações de trabalho existentes naquela determinada categoria.

A questão acerca da efetividade dos direitos fundamentais pelo sindicato adquire maior relevância a partir da realidade vivenciada, a de falência real da proteção estatal pensada a partir dos valores do Estado Social. Cumpre ressaltar as palavras de Cosmópolis, no sentido de que "La incorporación de los derechos sociales dentro del catálogo de los derechos humanos y de los derechos fundamentales corresponde históricamente a la aparición del denominado Estado Social [...]".[245]

Ocorre que a experiência brasileira revela frequentes omissões do Estado no tocante à promoção e efetivação dos direitos fundamentais, cujas razões são as mais variadas, seja por impossibilidade financeira, seja por falta de vontade política. Aliás, a título de ilustração, cumpre destacar a desconfiança do Constituinte em relação ao legislador infraconstitucional, motivo pelo qual restou consagrada uma Constituição analítica, com a salvaguarda detalhada de normas e valores a serem preservados na sociedade brasileira.[246] Por outro lado, a inserção indiscriminada de matérias na Constituição Federal propicia diversas colisões de direitos no âmbito constitucional, ao passo que tais questões poderiam, se não deveriam, ser tratadas por normas infraconstitucionais.

Frente à situação de fragilidade do Estado e às omissões do legislador infraconstitucional, é oportuno o chamamento dos sindicatos para atuarem na promoção dos direitos fundamentais. Tal imposição, inclusive, decorre das próprias peculiaridades caracterizadoras do sindicato: um ente de direito privado, mas com atuação na esfera coletiva, pressupondo um poder categorial capaz de equilibrar a relação de trabalho que, como regra, é desigual.

Por que não exigir uma atuação ativa do sindicato em questões que envolvem direitos fundamentais, em vez de aguardar que tais direitos garantidos sejam regulamentados pelo legislador ou efetivados pelo Estado? Por óbvio que, em muitos desses casos, será necessária uma intervenção do Poder Judiciário, em maior ou menor grau, para resolver os conflitos emergentes. Porém tal fato não exime as entidades sindicais da responsabilidade na efetivação dos direitos aludidos. Por que não atribuir, então, ao sindicato a tarefa de realização dos valores constitucionais no seu âmbito de atuação e nas empresas, uma função que é facilmente sustentada a partir da própria história do sindicalismo?

---

[245] COSMÓPOLIS, Mario Pasco. *Tendencias constitucionales em materia laboral.* p. 190.

[246] SARLET, Ingo Wolfgang. *A eficácia dos direitos fundamentais.* p. 77.

Fundamentos do Direito Coletivo do Trabalho

São inúmeras as possibilidades concretas de efetivação dos direitos fundamentais. Como ponto de partida, ressalta-se que a promoção de direitos fundamentais, via de regra, estará relacionada à função assistencial dos sindicatos. Diante de dificuldades econômicas generalizadas, fruto de diversos fatores conectados, o sindicato tem cada vez menos condições de negociar reajustes ou melhoria de condições em termos pecuniários, fator que acentua a função assistencial.

A busca de melhores salários é prática cada vez menos factível nas negociações coletivas, principalmente por motivos econômicos, sendo que, em muitos casos, a negociação que garante a simples manutenção de postos de trabalho já representa um grande benefício para a categoria em virtude das sérias dificuldades existentes. O sindicato deve adotar uma nova postura, não limitada à reivindicação de melhorias laborais para os empregados, pois as transformações sociais e de mercados exigem uma reformulação metodológica da atuação sindical. A globalização acirrou o desemprego e a insegurança, com o desenvolvimento de grandes empresas, mas sem a devida repercussão no bem-estar das pessoas. A mão de obra hoje é fator de potencialização da capacidade competitiva, na famosa busca pela redução dos custos e maximização dos lucros, vislumbrando fenômenos como o chamado *dumping* social.

Não se desconhecem as frequentes críticas ao assistencialismo em razão de, supostamente, estar desvirtuando o sindicato de sua função precípua. Entretanto, a ideia é justamente a contrária, pois a atuação assistencial é a plena realização do sindicato. Corrobora-se das palavras de Ojeda Avilés: "De modo que una concepción integral del trabajador no descuida su desarollo físico y cultural y a la ampliación de las actividades recreativas, o a elevar la condición moral y material de los trabajadores en la sociedad presente [...]".[247] Igualmente, Franco Filho ressalta a importância de os sindicatos incrementarem a prestação de serviços aos associados: "Têm, ou deveriam ter, uma atuação mais efetiva no campo da prestação de serviços para seus asociados, inclusive mediante a promoção de cursos de formação, aperfeiçoamento e reciclagem [...]".[248]

O sindicalismo não está mais fadado aos interesses historicamente defendidos e reconhecidos, mas deve ser contextualizado, o que demonstrará uma premente necessidade de buscar resultados, de agir não mais em posição pura de conflito, mas em cooperação com a atividade empresarial, pois juntos representam uma comunidade de pro-

---

[247] OJEDA AVILÉS, Antonio. *Compendio de derecho sindical.* p. 89.

[248] FRANCO FILHO, Georgenor de Sousa. *Organização Sindical. In* FREDIANI, Yone; ZAINAGHI, Domingos Sávio [coord.]. *Relações de direito coletivo Brasil-Itália.* São Paulo: LTr, 2004. p. 180.

dução. O sindicato moderno deve assumir suas funções comunitárias, com intensa participação na comunidade em que atua, servindo também de órgão consultivo do Governo quando necessário.[249] A relação entre sindicatos e Estado deve ser de cooperação mútua, porém sem qualquer intervencionismo.

Porém, é ingênuo considerar tal cooperação em absoluto, uma vez que ditos atores sociais detêm interesses distintos e, até certo ponto, conflitantes: a histórica dicotomia entre o capital e o trabalho. Mas sempre existirão modos de harmonizar esses interesses, em alguma medida. Nesse sentido, cabe destacar as palavras de Chiarelli:

> De qualquer maneira, esse é o sindicalismo do 1º Mundo e dos afluentes e emergentes ocidentalizados nos diferentes continentes. Verificou-se uma mutação da atividade sindical que buscou, com espírito pragmático combativo e meios eficientes não predatórios (em regra), obter vantagens e garantias (e, ultimamente, sobretudo, não perdê-las) para seu grupo social, sem, no entanto, acreditar que tais vantagens e garantias só poderiam ser conquistadas a partir da derrota e do prejuízo da outra parte da relação sociolaboral, a quem, inclusive, no início da conflituosa convivência, se propunha a aniquilar.[250]

O sindicato não pode permanecer inerte a essa realidade, nem cravado em seus ideais históricos de luta e conflito, o que não representa dizer que o sindicato deva abrir mão do conflito ou da luta quando necessários à consecução das suas finalidades. Assim, se for imprescindível a realização de uma greve, que necessariamente trará prejuízos ao empregador, ela deverá ser feita, desde que razoável e proporcional ao fim que legitimamente deve fundamentar tais ações.

Na verdade, o que se propõe aqui é que o sindicato encare as circunstâncias que o rodeiam e busque outras formas de melhorar as condições não só de trabalho, mas também de condições de vida da categoria, propiciando, por exemplo, lazer, educação, cultura, higiene. Por que não incrementar a vida comunitária dos membros do sindicato com atividades de recreação, música, esportes, colônias de férias, sedes campestres etc., enfim, atividades que melhorem significativamente a vida comunitária dos afiliados?

No Peru, por exemplo, as funções e os fins das organizações sindicais englobam o desenvolvimento técnico, cultural e educacional, bem como o fomento de organismos de auxílio e promoção social dos seus membros.[251] O sindicato de hoje, de finalidade predominante-

---

[249] RUSSOMANO, Mozart Victor. *Princípios Gerais de Direito Sindical*. 2. ed. Rio de Janeiro: Forense, 1998. p. 119.

[250] CHIARELLI, Carlos Alberto. *O trabalho e o sindicato: evolução e desafios*. São Paulo: LTr, 2005. p. 155.

[251] VÁSQUEZ, Jorge Rendón. *Derecho del trabajo colectivo* – Relaciones colectivas en la actividad privada y en la administración pública. p. 24.

mente trabalhista, deve desempenhar o papel cultural, moral, político (não partidário)[252] e técnico na sociedade, voltando um pouco às suas origens, quando concebido como extensão da casa do trabalhador, irradiando cultura, arte, história, ensinamentos, cidadania, saúde, higiene, segurança, entre outras possibilidades.[253]

Seria um avanço se os sindicatos conseguissem colaborar para tornar efetivas aquelas necessidades vitais básicas do trabalhador previstas no artigo sétimo, inciso IV, da Constituição Federal. Trata-se da finalidade do salário mínimo previsto constitucionalmente, mas a realidade encontra-se bastante distante do texto legal. Reitera-se que a efetivação proposta diz respeito tão somente às necessidades inseridas no dispositivo ventilado, e não à norma propriamente dita, uma vez que esta tem como destinatário exclusivo o Poder Público, responsável pela política e fixação do salário mínimo.

Assim, um primeiro exemplo pode ser a promoção do direito de propriedade e habitação, pelo sindicato, desenvolvendo facilidades na moradia dos sindicalizados ou cooperativas de habitação, seja para compra, seja para aluguel de imóveis, seja até mesmo para a construção de condomínios. Tais atividades podem ser realizadas diretamente pelo sindicato, como mediador do negócio, oportunizando tais realizações por um custo menor do que aqueles que o mercado oferece, uma vez que este visa a um bom lucro. Já na dificuldade da realização direta dessas ações, o sindicato pode buscar parcerias no plano público e privado para facilitar tal acesso por um custo abaixo daquele oportunizado pelo mercado.

Pode-se referir ainda na promoção da vida e da saúde dos sindicalizados. Diante da ineficiência do aparato estatal nesta seara, nada mais oportuno aos sindicatos do que buscar um atendimento médico-hospitalar de qualidade, com a realização de convênios. Por certo que muitas empresas, especialmente as de maior porte, já adotam esta medida, mas a maioria das empresas brasileiras são de pequeno e médio porte, muitas vezes carentes deste benefício. Assim, essa medida interessa ambas as partes, sindicatos e empresas do segmento de saúde, as quais oportunizam condições diferenciadas quando em questão uma coletividade, com custos que quiçá poderão ser suportados pelo trabalhador de menor renda.

---

[252] Político no sentido de adotar postura ativa em face da realidade sociopolítica e das medidas governamentais, cultivando e desenvolvendo uma cultura política entre os cidadãos. E isto não se confunde com o partidarismo, pois os sindicatos não devem estar vinculados a um partido político e seus respectivos interesses. Deve ser permitido ao sindicalizado a livre escolha pela participação ou não em algum partido político.

[253] AROUCA, José Carlos. *O sindicato em um mundo globalizado*. São Paulo: LTr, 2003. p. 466. p.1003.

O mesmo raciocínio pode ser adotado em diversos segmentos, inclusive com práticas no âmbito previdenciário e, principalmente, no âmbito educacional e de formação. A própria educação, ou a carência dela, é um dos mais graves problemas sociais brasileiros. O seu desenvolvimento representa, por outro lado, a solução para muitos desses problemas, ainda que para alcançar resultados concretos nesta seara seja necessário considerável investimento, projeção a longo prazo e, principalmente, interesse dos que governam. No sindicalismo norte-americano, o investimento em educação – *workers´ education* – há muito ocupa posição de destaque, ainda que considerado como funções secundárias. Não significa que seja, necessariamente, uma educação voltada ao âmbito das atividades sindicais, mas abrange aulas e conhecimentos diversos, tais como cultura e artes.

No âmbito interno dos sindicatos, oportuno o desenvolvimento de cursos de formação sindical, de legislação laboral, de economia, entre tantas outras possibilidades. Conforme as lições do professor Chiarelli, o sindicato deve atuar não apenas na antiga e importante luta classista de aumento salarial, mas na qualificação de seus associados, atentos aos novos modelos produtivos, o que permite que tais entidades sejam fortes. Corroboram-se as palavras de Chiarelli, de que: "[...] não bastaria falar em liberdade sindical sem referir a condições econômicas mínimas de sobrevivência".[254]

Uma tarefa que tem tido destaque nos sindicatos estrangeiros é a orientação profissional, mediante assistência e esforços de recolocação dos filiados no caso de desemprego. A colocação e o emprego representam um campo extremamente atrativo de atuação sindical, complementar aos serviços públicos de emprego. Entretanto, não se trata de uma proposição nova no âmbito sindical, haja vista a larga experiência sindicalista norte-americana nesse sentido.

Em relação ao desenvolvimento social, o sindicato tem ampla possibilidade de ocupar posição de destaque, principalmente em razão da carência estatal. Destaca-se um importante instituto no Brasil, que é a assistência jurídica gratuita, no âmbito laboral, prestada pelo sindicato, embora de algumas distorções práticas. Portanto, disponibilizar orientação jurídica e advogados para atuação judicial em prol dos trabalhadores representados é tarefa de relevante valor social, tanto que os sindicatos não deveriam limitar-se à seara trabalhista, mas ampliar o assessoramento jurídico para as questões comuns da vida, como em matérias de direito do consumidor, direito de família, entre outras.

---

[254] CHIARELLI, Carlos Alberto. *O trabalho e o sindicato – Evolução e desafios.* p. 266.

Ainda, o âmbito da Seguridade Social igualmente representa um amplo segmento de oportuna atuação sindical, com reflexos importantes na qualidade de vida do trabalhador, ou seja, na promoção de sua proteção. Em especial, destaca-se a área previdenciária, na qual o sindicato pode prestar toda informação necessária, zelando pela condição de segurado dos trabalhadores perante o Instituto Nacional do Seguro Social – INSS –, haja vista a complexa legislação previdenciária. Ademais, é possível a proteção mediante planos de previdência complementar, por convênios, aumentando a proteção ao trabalhador em face de infortúnios e permitindo uma melhor situação financeira após uma vida de labuta.

Que não sirva de crítica ao aqui exposto a alegação comum de que o sindicato, dessa forma, estaria perdendo o foco ou saindo de suas atribuições clássicas. Tais medidas propostas representam as reais necessidades do trabalhador, devendo, portanto, ser consideradas questões importantes, afinal, qual é mesmo a função atual do sindicato e qual a função e importância do sindicato nos próximos anos diante da precária realidade do trabalho e do trabalhador? É inconcebível, nos dias de hoje, limitar um sindicato à mera ação profissional, haja vista o importante papel que tal entidade pode assumir em prol da conscientização de todos acerca das exigências sociais e não apenas corporativas. O sindicalismo a que o Brasil está acostumado, ou forçado, não pode assim permanecer, com respeito às exceções existentes representadas por poucas entidades que já incorporaram essa nova roupagem.

Será mesmo necessária uma regulamentação infraconstitucional para, a partir dela, poder afirmar que o sindicato tem o dever de promover a proteção do mercado da mulher e a proteção do trabalhador em face da automação, já que estes valores estão consagrados nos incisos XX e XXVII da Constituição Federal, respectivamente. Por certo que, nestas circunstâncias, a vinculação não será plena. Mas, como dito anteriormente, tais dispositivos são comandos suficientes para que as entidades sindicais implantem tal proteção, realizando tudo aquilo que for possível e tangível para tanto, inclusive sendo direito dos sindicalizados exigir a realização dessas medidas, nos limites da possibilidade concreta de realização.

Buscando exemplos mais simples, cita-se o dever do sindicato de regulamentar, por norma coletiva, o aviso-prévio proporcional ao tempo de serviço, dada a lacuna legislativa, efetivando tal garantia constitucional. Aliás, o art. 7º, inciso XXI, da Constituição, permite elucidar, concretamente, o problema do grau de normatividade dos direitos fundamentais e a aplicação imediata da norma. Dispõe a aludida norma constitucional que o aviso-prévio deve ser proporcional ao tempo de serviço, nos termos da lei. A referida lei, por sua vez, ainda não existe, mesmo passadas mais de duas décadas de vigência da Carta. Até que isto venha a ocorrer, a referida norma constitucional vai gerar efeitos imediatos no sentido de não permitir a concessão de aviso-prévio em período inferior a trinta dias, bem como serve como um mandamento para que o legislador crie uma norma regulamentadora do aviso-prévio, sendo que dita norma não poderá deixar de prever uma proporção do aviso-prévio ao tempo de serviço do trabalhador.

Destaca-se que essa conclusão não importa em negar a urgente necessidade de concretização desta garantia fundamental, afinal nada mais razoável do que os trabalhadores mais antigos na empresa tenham direito a período maior de aviso-prévio. Importa sim que sejam adotados os instrumentos jurídicos adequados para a regulamentação desse importante direito, seja pela elaboração da referida lei seja por norma coletiva. Do contrário, atribuir ao intérprete a definição de um critério de proporcionalidade do tempo do serviço para fins do aviso-prévio, por uma escolha individual e subjetiva, ensejará distorções em relações a outros casos em que se deu tratamento diverso, com a aplicação de outro critério por outro intérprete, permitindo-se a coexistência de inúmeros critérios aplicáveis, gerando injustiças, o que tende a acirrar os conflitos e não solucioná-los. Assim, a concretização do aviso prévio proporcional ao tempo do serviço deve ser feita utilizando um critério único e geral, o qual, diante da omissão legislativa, deve ser promovido pelo sindicato mediante negociação coletiva.

Por fim, diante dos temas debatidos, de reforma da estrutura sindical brasileira e efetivação dos direitos fundamentais, não se pode deixar de mencionar a necessária redução dos encargos sociais. No Brasil, se presencia os mais baixos salários do mundo e os mais altos encargos sociais, mesmo diante da baixa higidez e qualidade do sistema. Nesse sentido, existe mais um exemplo de atuação sindical além dos limites imediatos da categoria, que são as campanhas contra a carga tributária e sobre política previdenciária, o que se reflete no bem-estar de todos e gera um benefício para toda a sociedade, principalmente para a classe trabalhadora. Assim, é salutar o sindicato unir forças em prol da redução dos encargos sociais pelo Estado.

Por certo estas são apenas algumas de várias situações que se inserem no tema proposto. Ao cabo, impende ressaltar que a efetivação dos direitos fundamentais pelo sindicato traz reflexos no critério de representação, a qual pode ser colocada em xeque por membros da categoria, caso a respectiva entidade sindical não perquira esta

Fundamentos do Direito Coletivo do Trabalho

finalidade. As práticas sindicais que atentem contra os direitos fundamentais são passíveis de controle jurisdicional. Embora a questão adquira complexidade em se tratando de efetividade de direitos fundamentais prestacionais específicos, o sindicato tem o dever, frente à sua categoria, de realizar ações que objetivem tais prestações, podendo socorrer-se de parcerias ou com o poder público, ou com a iniciativa privada.

Há necessidade premente de entabular uma cultura de exercício dos direitos fundamentais sociais, realidade ainda distante no Brasil. Oportuna, nesta senda, a crítica de Santos:

> Já é chegada a hora de seguirmos o exemplo das nações democráticas mais evoluídas, nas quais os direitos sociais são exercitados e praticados no dia-a-dia, até se tornarem uma segunda natureza do cidadão. Em nosso caso, em face do baixo nível de escolaridade do trabalhador brasileiro e do desconhecimento da existência desses direitos por grande parte da sociedade civil, o significativo número deles não é exigido na prática.[255]

Assim, a evolução da sociedade brasileira passa pela efetividade dos direitos fundamentais, os quais muitas vezes são desconhecidos ou esquecidos pelos brasileiros, uma triste realidade. Nesse contexto, o sindicato adquire relevância quanto à sua função de democratização e desenvolvimento da sociedade, cabendo-lhe também dar efetividade aos direitos fundamentais, especialmente aos direitos sociais, implementando uma verdadeira cultura do exercício desses direitos no Brasil. Agindo deste modo, as entidades sindicais estarão cumprindo com a proteção basilar do Direito do Trabalho, de modo a não permitir o desamparo daqueles que não têm os meios concretos de exercer suas liberdades. O bem-estar social de uma comunidade não depende mais apenas do Estado, mas exige uma sociedade de bem-estar.

É urgente e necessária, no campo das relações sociais e laborais, uma atuação dos sindicatos em prol da efetividade dos direitos fundamentais, ou seja, da realização em concreto desses direitos, cumprindo a sua função social. Já tarda esta devida aproximação da norma, principalmente da norma fundamental constitucional, com a realidade social, ou seja, uma aproximação do dever ser com o ser.

---

[255] SANTOS, Enoque Ribeiro dos. *Fundamentos do direito coletivo do trabalho nos Estados Unidos da América, na União Europeia, no Mercosul e a experiência brasileira.* Rio de Janeiro: Lumen Júris, 2005. p. 208.

Conclusão

Enumeram-se as conclusões do presente estudo:

1. É necessária a reformulação da estrutura sindical brasileira, haja vista a importância dos sindicatos no enfrentamento das transformações que ocorreram e continuam ocorrendo no mundo do trabalho. A solução passa pela consolidação de uma regulação dinâmica das relações de trabalho, principalmente pela via da autocomposição, em prol da efetiva proteção do trabalhador. Contudo, no Brasil, o foco das discussões segue voltado a questões já ultrapassadas no cenário trabalhista internacional, tais como a contribuição sindical compulsória e a unicidade.

2. O paradigma da estrutura sindical sugerido para a experiência brasileira tem como pilares:

a) a simplificação dos procedimentos para a criação e constituição do sindicato, o qual deve gozar de natureza jurídica própria e possuir registro único, o que não pode ser confundido com a eventual concessão posterior de poderes de representação por determinada coletividade de trabalhadores;

b) a substituição da regra do enquadramento sindical pela definição *a posteriori* da categoria, mediante livre eleição pelos trabalhadores e adoção do critério da vontade da maioria, inclusive com a escolha do âmbito de atuação do sindicato (unidade de negociação) e da(s) respectiva(s) entidade(s) que incumbirá(ão) a representação por determinado período. Aos interessados cabe a autodeterminação do âmbito de atuação do grupo, pautada na solidariedade, resultando na união concreta dos trabalhadores em virtude de real e próprio interesse, em detrimento de qualquer outro critério jurídico e abstrato, previamente definido. A atuação do sindicato e a incidência das normas coletivas devem estar modeladas ao âmbito espacial em que acontecem;

c) a representação unitária dos trabalhadores na empresa ou nos estabelecimentos, mediante representante ou comitê de representantes livremente eleitos pelos trabalhadores;

d) a atuação sindical pensada em nível internacional, em uma gama de questões, porém mantendo a importante aproximação com os representados e da atuação interna, igualmente necessária para determinadas discussões, com o sindicato promovendo o entendimento direto entre trabalhadores e empregadores;

e) a insustentabilidade do critério da unicidade sindical;

f) a implantação de mecanismos dinâmicos de representatividade e negociação, privilegiando a eleição pelos representados, o critério da maioria e a representação *erga omnes*;

g) a obrigação livremente assumida das contribuições sindicais, com base no associativismo. Não há espaço para a contribuição sindical imposta por lei. No tocante a trabalhadores não filiados ou filiados a outro sindicato, é razoável a cobrança de uma cota de representação;

h) a valorização da negociação coletiva enquanto regulamentação dinâmica que atende às necessidades específicas dos trabalhadores aos quais é aplicada. É desnecessária a limitação legal do período de vigência, o que igualmente deve ser pactuado e, principalmente, respeitado; isto é, a norma coletiva tem vigência limitada, não se incorporando ao contrato de trabalho, salvo expressa pactuação nesse sentido;

i) A atuação das entidades sindicais deve ser pautada pela coordenação de interesses e cooperação nas relações de trabalho, principalmente no tocante às relações coletivas. Uma cultura de cooperação permite avanços viáveis, beneficiando a todos, empregadores e trabalhadores. Entre as diversas formas de cooperação, destaca-se o dever de informação, principalmente para o procedimento de negociação coletiva, o qual engloba também a comprovação das informações prestadas.

3. A função institucional do sindicato, no Estado Democrático de Direito Brasileiro, é propiciar melhores condições de vida para todos os trabalhadores, o que implica a melhoria da condição de vida da sociedade.

4. Considerando que a base da estrutura sindical está prevista na Constituição Federal, grande parte das modificações sugeridas deve ser realizada no âmbito constitucional por Emenda Constitucional, ainda que seja possível a utilização do permissivo contido no parágrafo terceiro do artigo quinto da Constituição Federal.

5. A finalidade das transformações sugeridas neste paradigma da estrutura sindical é o fortalecimento das entidades sindicais, tornando-as aptas ao exercício dinâmico da regulamentação do trabalho,

considerando as especificidades de cada âmbito de atuação, buscando a máxima proteção dentro do contexto econômico e social existente.

6. Os sindicatos são associações privadas, com personalidade jurídica de direito privado, situação que não se modifica apenas em virtude do caráter peculiar dessas entidades decorrentes dos poderes de representação sindical.

7. A análise da eficácia dos direitos fundamentais nas relações sindicais remete à denominada eficácia horizontal. Eficácia não apenas no sentido jurídico, mas eficácia social dos direitos fundamentais, também conhecida como efetividade.

8. Consolidar um dever dos sindicatos na efetivação dos direitos fundamentais representa um início de transformação das atividades sindicais no Brasil, onde ainda hoje é mantido um sistema sindical que não traduz um ambiente de plena liberdade, de pluralidade, de garantias à negociação, entre outros fatores.

9. Os direitos fundamentais gozam de eficácia imediata, como determina o art. 5ª, § 1º, da Constituição Federal.

10. A eficácia horizontal dos direitos fundamentais é um fenômeno representado na percepção objetiva acerca desses direitos, que obrigam tanto o Estado quanto os particulares. Não há como deixar de reconhecer a vinculação dos particulares aos direitos fundamentais.

11. Diante da situação pátria de fragilidade do Estado e omissões do legislador, nada mais oportuno do que vincular os sindicatos à promoção dos direitos fundamentais. O sindicato deve encarar as circunstâncias que o rodeiam e buscar alternativas para melhorar não apenas as condições de trabalho, mas também as condições de vida da sua categoria, como propiciar lazer, moradia, educação, cultura, higiene e segurança.

12. As práticas sindicais que atentem aos direitos fundamentais são passíveis de controle jurisdicional. Embora a questão adquira complexidade em se tratando da efetividade de prestações fundamentais específicas, o sindicato tem o dever, frente à sua categoria, de realizar ações que objetivem tais prestações, seja em parceria com o poder público, seja com a iniciativa privada, sob pena de colocar em xeque a sua representação.

13. Necessária a atuação dos sindicatos em prol da efetividade dos direitos fundamentais, o que significa a realização em concreto desses direitos, cumprindo com a sua função social, aproximando a enorme distância atualmente existente entre o dever ser e o ser, norma fundamental e realidade social.

Fundamentos do Direito Coletivo do Trabalho

Obras consultadas

ACZEL, Maria Cristina. *Instituciones del derecho colectivo del trabajo.* Buenos Aires: La Ley, 2002.

ALEXY, Robert. *Teoria dos direitos fundamentais.* Trad. Virgílio Afonso da Silva. São Paulo: Malheiros, 2008.

ANCEL, Marc. *Utilidade e métodos do Direito Comparado.* Trad. Sérgio José Porto. Porto Alegre: Fabris, 1980.

ANDRADE, José Carlos Vieira de. Os direitos fundamentais na Constituição Portuguesa de 1976. Coimbra: Almedina, 2005.

ANNER, Mark. Meeting the Challenges of Industrial Restructuring: Labor Reform and Enforcement in Latin America. *Latin American Politics and Society.* p. 33-66, 2008.

AROUCA, José Carlos. *O sindicato em um mundo globalizado.* São Paulo: LTr, 2003.

———. *Curso básico de direito sindical.* São Paulo: LTr, 2006.

CANARIS, Claus-Wilhelm. *Direitos Fundamentais e Direito Privado.* Trad. Ingo Wolfgang Sarlet e Paulo da Mota Pinto. Coimbra: Almedina, 2006.

CANOTILHO, José Joaquim Gomes. *Direito constitucional e teoria da Constituição.* 4. ed. Coimbra: Almedina, 2000.

CHIARELLI, Carlos Alberto. *O trabalho e o sindicato – Evolução e desafios.* São Paulo: LTr, 2005.

COSMÓPOLIS, Mario Pasco. Tendencias constitucionales em materia laboral. *In:* AZEVEDO, André Jobim de. *Congresso Internacional de Direito do Trabalho e Direito Processual do Trabalho. Anais.* Curitiba: Juruá, 2007.

COSTA, Márcia da Silva. *O Sistema de Relações de Trabalho no Brasil:* alguns traços históricos e sua precarização atual. *Rev. bras. Ci. Soc.* São Paulo, v.20, n.59, Oct. 2005.

CRAVER, Charles B. The relevance of the NLRA and labor organizations in the post-industrial, global economy. *Labor Law Journal.* v.1, n.57, p. 133-147, Oct 2006. In: ABI/INFORM Global. Disponível em: http://www.proquest.com.

DAVID, René. Os *grandes sistemas do direito contemporâneo.* Trad. Hermínio A. Carvalho. São Paulo: Martins Fontes, 2002.

ESTLUND, Cynthia L. *Is the national labor relations act an outmoded statute in the 21st century? Labor Law Journal.* v.1, n.57, p. 148-157, Oct 2006. In: ABI/INFORM Global. 2008 Dec 10. Disponível em: http://www.proquest.com.

ETALA, Carlos Alberto. *Derecho colectivo del trabajo.* 2. ed. atual. e amp. Buenos Aires: Astrea, 2007.

FREDIANI, Yone. ZAINAGHI, Domingos Sávio [coord.]. *Relações de direito coletivo Brasil-Itália.* São Paulo: LTr, 2004.

FRIEDMAN, Thomas. *O mundo é plano:* Uma breve história do século XXI. Trad. Cristina Serra e S. Duarte. Rio de Janeiro: Objetiva, 2005.

GIUGNI, Gino. *Direito Sindical.* Trad. Eiko Lúcia Itioka. São Paulo: LTr, 1991.

GOMES, Angela de Castro; PESSANHA, Eliana G. da Fonte; MOREL, Regina de Moraes. *Arnaldo Süssekind, um construtor do direito do trabalho.* Rio de Janeiro: Renovar, 2004.

———. *Sem medo da utopia:* Evaristo de Moraes Filho: Arquiteto da sociologia e do direito do trabalho no Brasil. São Paulo: LTr, 2007.

HORN, Carlos Henrique. *O confronto entre a continuidade e a mudança da organização sindical brasileira:* uma análise dos resultados das conferências estaduais do trabalho. Porto Alegre: UFRGS, 2005.

Fundamentos do Direito Coletivo do Trabalho

IGREJA Católica. Papa (1878-1903: Leão XIII). *Rerum Novarum*. 14. ed. São Paulo: Paulinas, 2004.

JIMENÉZ SERRANO, Pablo. Como utilizar o Direito Comparado para a elaboração de tese científica. Rio de Janeiro: Forense, 2006.

Labor law course. 26. ed. Chicago: CCH, 1987.

LAIMER, Adriano Guedes. *O novo papel dos sindicatos*. São Paulo: LTr, 2003.

LOCKE, John. *Dois tratados sobre o governo*. Trad. Eunice Ostrensky. 2.ed. São Paulo: Martins Fontes, 2005.

LÓPEZ, Guillermo A. F. *Derecho de las asociaciones sindicales*. 2.ed. Buenos Aires: La Ley, 2000.

MANGLANO, Carlos Molero. *Derecho Sindical*. Madrid: Dykinson,1995.

MARTINS-COSTA, Judith. *A boa-fé no direito privado*: sistema e tópica no processo obrigacional. São Paulo: Revista dos Tribunais, 2000.

MARX, Karl. *O Manifesto comunista*. 16. ed. São Paulo: Paz e Terra, 2006.

MONTEIRO, Antônio Pinto. NEUNER, Jörg. SARLET, Ingo Wolfgang [org.]. *Direitos fundamentais e direito privado*: uma perspectiva de Direito Comparado. Coimbra: Almedina, 2007.

MORAES FILHO, Evaristo de. *O problema do sindicato único no Brasil*: seus fundamentos sociológicos. 2.ed. São Paulo: Alfa-Omega, 1978.

——. *Direito do trabalho*: páginas de história e outros ensaios. São Paulo: LTr, 1982.

NASCIMENTO, Amauri Mascaro. *Compêndio de direito sindical*. 4. ed. São Paulo: LTr, 2005.

——. *Curso de direito do trabalho*: história e teoria geral do direito do trabalho: relações individuais e coletivas do trabalho. 20. ed. rev. e atual. São Paulo: Saraiva, 2005.

OJEDA AVILÉS, Antonio. *Compendio de derecho sindical*. Madrid: Tecnos, 1998.

RAWLS, John. *Uma teoria da justiça*. Trad. Jussara Simões. 3.ed. São Paulo: Martins Fontes, 2008.

ROMITA, Arion Sayão. O princípio da proteção em xeque e outros ensaios. São Paulo: LTr, 2003.

RUSSOMANO, Mozart Victor. *Princípios Gerais de Direito Sindical*. 2. ed. Rio de Janeiro: Forense, 1998.

SACCO, Rodolfo. *Introdução ao Direito Comparado*. Trad. Véra Jacob de Fradera. São Paulo: Revista dos Tribunais, 2001.

SANTOS, Enoque Ribeiro dos. Fundamentos do direito coletivo do trabalho nos Estados Unidos da América, na União Europeia, no MERCOSUL e a experiência brasileira. – Rio de Janeiro: Lúmen Júris, 2005.

SARLET, Ingo Wolfgang. *A eficácia dos direitos fundamentais*. 8. ed. rev. e atual. Porto Alegre: Livraria do Advogado, 2007.

——. *Constituição, Direitos Fundamentais e Direito Privado*. 2. ed. Porto Alegre: Livraria do Advogado, 2006.

——. Direitos fundamentais e Direito Privado: algumas considerações em torno da vinculação dos particulares aos direitos fundamentais. *In*: SARLET, Ingo Wolfgang [*et al.*]. *A Constituição Concretizada. Construindo pontes com o público e o privado*. Porto Alegre: Livraria do Advogado, 2000.

——. Direitos fundamentais sociais, mínimo existencial e direito privado. *Revista de Direito do Consumidor*, nº 61, jan. mar. de 2007.

SÉROUSSI, Roland. Introdução ao direito inglês e norte-americano. São Paulo: Landy, 2001.

SIMON, Julio Cesar. *Modelo Estatal y Negociacion Colectiva*. Buenos Aires: La Ley, 1994.

STEINMETZ, Wilson. *A vinculação dos particulares aos direitos fundamentais*. São Paulo: Malheiros, 2004.

STÜRMER, Gilberto. *A liberdade sindical na Constituição da República Federativa do Brasil de 1988 e a sua relação com a Convenção 87 da Organização Internacional do Trabalho*. Porto Alegre: Livraria do Advogado, 2007.

SUPIOT, Alain. *El derecho del trabajo*. Buenos Aires: Heliasta, 2008.

SÜSSEKIND, Arnaldo. *Direito internacional do trabalho*. 3.ed. atual. São Paulo: LTr, 2000.

—— [*et al.*]. *Instituições de direito do trabalho*. 22.ed. atual. São Paulo: Ltr, 2005, v.2.

TEIXEIRA FILHO, João de Lima [coord.]. *Relações coletivas de trabalho*. São Paulo: LTr, 1989.

UBILLOS, Juan Maria Bilbao. En qué medida vinculan a los particulares los derechos fundamentales? *In* SARLET, Ingo Wolfgang (org.). *A constituição concretizada. Construindo pontes entre o público e o privado.* Porto Alegre: Livraria do Advogado, 2000.

URIARTE, Oscar Ermida. *Sindicatos en libertad sindical.* Montevideo: Fundación de Cultura Universitaria, 1988.

VÁSQUEZ, Jorge Rendón. *Derecho del trabajo colectivo* – Relaciones colectivas en la actividad privada y en la administración pública. 6. ed. Lima: Edial, 2001.

VIDOTTI, Tárcio José [*et al.*]. *Direito Coletivo do Trabalho em uma Sociedade Pós-Industrial.* São Paulo: LTr, 2003.

VILLATORE, Marco Antônio César; HASSON, Rolland. *Direito do Trabalho:* Análise Crítica. Curitiba: Juruá, 2007.

Impressão:
Evangraf
Rua Waldomiro Schapke, 77 - POA/RS
Fone: (51) 3336.2466 - (51) 3336.0422
E-mail: evangraf.adm@terra.com.br